Collection Soleil

30150 009325272

COMMUNE PRÉSENCE

RENÉ CHAR

COMMUNE PRÉSENCE

Préface
de Georges Blin

GALLIMARD

« Commune présence » du poète à lui-même et des autres en lui, accolade de vérité qui pointe entre deux choix, comme l'épi. Le poète est maître de rapprocher ses routes sur le damier du temps. Ou de se suivre sur de plus longs silences. Logique autrement foliée, ce sera toujours la rose, unique et collégiale, la rose en flammes des vents d' « amont ». L'anthologie de René Char lie un poème tout comme il n'y a pour lui de poème qu'anthologique. Ce n'est pas un recueil de glane ni de trophée, ni la courbe de sécurité d'une évolution. A peine y sent-on qu'aux ordres de la durée « le poids du raisin » a pu « modifier la position des feuilles ». On y verra plutôt, dans l'égalité de l'exigence et de la tenue, une mise de front. Relevées de naguère ou de demain, les citations n'en font qu'une à notre égard : d'avoir à comparaître aux portes de l'éveil, sur la pierre de la source ou du « Devancier », mais étant convenu que ce « retour » sous « l'œil vorace, bien que voilé, de l'origine » ne doit pas être moins subit qu'elle.

Quand la foudre sème, l'excès et l'accès ne font qu'un. L'instant domine ici qui, principe et dernier mot, n'achève qu'une naissance. Char rappelle, en effet, que rien n'est produit, créé ni même montré pour jamais, que par l'annulation des distances et le déchirement, césarien, des suites. Si l'univers, dit-il, n'avait pas été fait d'un coup, les monstres seraient plus nombreux. Et c'est toujours ainsi, en une fois sans préavis ni réplique, pour la rentrée des dieux et du poète, qu'il recommence, sur les brisées de l'avalanche ou sous la chute du ciel. « Aussitôt », « soudain »... — ce lyrisme, s'il daigne conter, ne prend les choses que sur la lame. L'ouragan, le signal, la flèche, l'apparition de Rimbaud, l'oiseau que lance ou que cloue la fronde, la plongée fatidique des rosiers de l'Epte, tout cela, comme l'amour, — rencontre croisée dès avant l'embranchement — n'est obtenu ou n'a d'effet que par « l'embrasement des échéances ». Et les Médiateurs eux-mêmes sont immédiats, Transparents de la Sorgue ou peintres intérieurs. C'est par le saut, dit Heidegger, que l'on arrive au chemin. Mais c'est encore au saut que mène le vrai chemin, celui qui, dans la chance des cœurs, se change en « parélie », quitte terre. Le pas, ici, ne serait qu'usure. Et le temps « enchaîne ». Mais l'instant délivre. Le malheur même, pourvu qu'il coure, rejoint la fête : moins fatal que la plaine, et le déjà-vu. Point de retour : si l'acte et la vitesse sont généreux, c'est qu'ils ignorent la gratitude. A la hache de tracer le seuil ! Ou plutôt place à l'Éclair, magistrat de la rose et du baiser, pédagogue absolu, mais prévenant, tout comme son émule des insomnies d'août, le météore aux trois phases « presque » simultanées. Ou prenons leçon de l'aigle direct, tiré sur l'avenir, traite irréfutable!

Sans doute pourrait-on détacher d'autres textes, où Char honore l'attente, les « économes du feu », les « obstinés », le lierre vainqueur de la pierre, le mûrissement du soleil sur la muraille ou dans le pain, la tour de la patience, la main continue, l' « endurance » de la veilleuse ou de l'idée, le temps, enfin, de la lime ou du limon. Et il est vrai qu'il ne désavoue pas le « bras perpétué en toit » quand la mémoire est la maison, sans « basses portes », des amours ou de l'évadé. Il est vrai même que — tout en honnissant l'historien, politique ou non, secrétaire du fait accompli — il épargne une autre Histoire, celle qui, comprenant l'humanité sous un seul jour, ne serait ni moins éternelle que chaque vie ni moins inénarrable que le regain du premier homme dans le dernier venu. Il maudit Chronos, mais non l'Aiôn grec, le temps toujours à l'âge de la croissance, celui qui nous permet de rester le successif contemporain de la réalité. Pour le poème aussi part sera faite à l'accumulation qui le précède et qui le suit. Le temps y compte, en effet, pour la provision du souffle, puis, entre le jet et la communication, pour le travail, fort différent de toute « construction » de « ruses », qui nettoie la branche ou qui refait de la lettre un caractère. Et le temps sera requalifié comme espace de notre réhabilitation dans le sillage du poème. Cette durée sous le croissant de l'absolu, ce n'est ni la sienne ni seulement la nôtre, mais une alliance. Ici comme après la rencontre de l'amour — et c'est toujours après la Connaissance — il se fait en nous un « temps aimant », « moitié verger, moitié désert », mais là encore « à notre profit », sur le marché d'une espérance.

Ces concessions ne permettent pas pourtant de croire que Char, parce qu'il respecte le labeur et la longanimité, serait plus conciliant envers les ladres et les prudents. « La sûreté du passé qui tourne le dos au vertige ne me tente pas. » Vague ou mesuré, le temps médiocre est le moyen des stratèges et des stratagèmes. Le blé couvre l'an, mais qu'on le chante aux instants tragiques, les plus offrants, de la moisson, de la meule ou de la mise en terre. Les « alluvions », mais « en flammes », et l' « artisanat », « furieux ». La morale qu'extrait ce lyrisme est « écarlate », comme l'audace : « Être du bond, non du festin, son épilogue »; « Ne t'attarde pas à l'ornière des résultats »; « Mettre en route l'intelligence sans le secours des cartes d'état major »; « Voici la minute du *considérable danger :* l'extase devant le vide, l'extase neuve devant le vide frais »... Toute menace est donc une chance, et l'on ne risque que le bien. L'eau qui dort, pour Narcisse! plutôt la source, cet effondrement. Le bonjour et l'adieu ne sont sains que brusqués. La franchise est une coupure : le « fruit jailli du couteau ». Les flaques immortalisent le mal. L'alchimie même, si Char la prône, c'est le « levain barbare » des mutations entre vifs, c'est le contraire de la « sorcellerie du sablier ». Le monde enfin ne redevient un accord, l'univers, que dans l' « orgasme » : « L'amas des cieux dans un regard », et toute la poussée, de l'orage et du jardin, « dans la boucle de l'hirondelle ». »

Comprenons bien. Char ne se contente pas d'observer que rien de grand n'est créé que subitement ; il estime qu'il n'y a rien de subit qui ne soit créateur. Parce qu'il situe l'énergie dans le cumul des « incompatibles » et que, part faite à d'autres vertus, de destruction, la soudaineté lui paraît, comme coexistence de deux moments, la parousie d'un tel cumul. Duel « nuptial » ou couple en guerre, l'instance est féconde : en tant que contradictoire. Son antagonisme est, plus précisément, celui qui entre dans tout sentiment de disproportion. Sa pression correspond à l'étreinte d'un manque ou, ce qui revient au même, d'une démesure. Elle suit l'évidence d'un déficit tout à coup trop injuste de la lumière — ou, inversement, l'afflux trop brutal, trop incompréhensible, de la Faveur ou de l'avenir dans le présent. Quand le retard ou l'avance dc la réalité par rapport à la poésie deviennent excessifs, la conscience est — comme au « puits de boue et d'étoiles » — prise de court : contrainte, mais de reformer plus haut sa largeur. Genèse de la latitude ou de l'émission, suggérée dès ces vers, de l'un des premiers poèmes de Char, dans *Arsenal :*

> *A coup de serrements de gorge*
> *Il facilita la parole...*

Et en effet, sans l' « angoisse » que suscite un monde trop révoltant ou trop prodigieux, le poète ne se sentirait ni assez « retenu » pour chercher remède, de liberté, dans le cri, ni assez brisé, de colère ou de joie, pour suspendre l'urgence de sa réunion à l'embrassement d'un chant. Ce rôle, inaugural, de l' « oppression » est manifeste, et les explicateurs, quand ils ne sont pas d'un purisme trop hostile à la motivation vécue ni, par besoin de simplification, trop attachés à faire de René Char le héros, tragique ou non, de l'optimisme indéfectible, l'ont bien reconnu. On pourrait toutefois mieux souligner quelle est chez lui la concordance de la douleur avec l'indignation. Ce n'est pas sur un seul de ses livres que « Fureur » et « Mystère » vont du même pas. Le Mystère est pour lui un soulèvement, mais dans le sens aussi où il se dresse contre les hommes de cette rampée, vivants qui ont, aujourd'hui, perdu l'envie de naître autant que la faculté de mourir. Et si, par contrepartie, l'on se représente l'ensemble si rayonnant, sur toute cette œuvre, de la « clémence », on ne doit pas oublier que même ici le bonheur, du moins extrême, les fulgurations de la gratitude ou les hautes crues du désir n'ont pu gagner le Verbe que moyennant un même effet, presque aussi poignant, d'effroi ou de « dislocation ». La Rencontre, scandale d'un espoir précédé, désarmé par l'inespéré, ne peut être l'instant d'une intégration de l'absolu que sous forme d'un instant que cet absolu désintègre. Et que l'avenir semble, comme ici, pré-venu, ou, comme sous le rideau du Mal, condamné, c'est toujours une annulation de l'intervalle attendu qui produit le regain d'espace, dans le bond ou sur la lancée. L'homme part en flèche ou vole en éclats. Et forcément vers le langage. Comme contraint de *faire appel*, et parce que l'« impossible », c'était l'« innommable » ou l'« indicible » : ce que l'on ne peut pas vivre seul. Ou c'était le vacarme, et l'on ne domine la bête du bruit qu'en reprenant l'initiative, par la contreproposition d'un Verbe responsable et formé. Il y a des poèmes qui naissent ainsi : comme l'on parle pour ne plus entendre.

Si la poésie peut obtenir justice en un pourvoi, sa protestation n'isole de la circonstance qu'une définition (de ses droits, ou du devoir de l'homme) : dans un texte en un *passage*, ou dans la phrase en un point : l'aphorisme. Sinon, si la poussée de départ était à la fois trop violente et trop contrariée, c'est en « morceaux » que l'instance du sentiment atteint l'écran du Verbe, ou le traverse, faisant de celui-ci, ou — sous l'autre rapport — du silence, des « champs mitraillés ». Mais le poème en « parcelles » peut naître aussi de l'éclatement soit unique soit successif de la première proposition. Car l'aphorisme n'est pas pour René Char le procès-verbal seulement ni la contre-épreuve d'une outrance. Il est en lui-même un « grand bûcher des alliances »; réponse, mais interrogative. Il relève bien d'un défi, mais sur le trajet de celui qu'il nous lance. La contradiction qu'il nous oppose, ce n'est donc plus celle dont il résulte et qu'il résout, mais le libre contrat d'éléments faits pour nourrir entre eux la guerre, précisément, que leur lien nous déclare. Car tel est le dynamisme, issu toujours de la Discorde, qui assure à présent non plus l'avènement du poète dans l'homme, mais l'efficacité de la parole. Il procède d'une coalition de rapports dont la simultanéité ne devra pas nous sembler moins irrésistible qu'irréalisable. Pour cela, Char ne néglige aucune des ressources traditionnelles qu'offrent l'identité des contraires et la dissimilation des synonymes. Mais par delà cet antagonisme trop symétrique, ou trop linéaire, il recourt aussi à la contradiction, si l'on peut dire, multiple, qui n'établit plus sa vérité contre l'objection provisoire de la logique, mais contre la paresse de notre réalisme. Il conjoint alors des références à la fois trop concrètes et trop opposées à leur « commune présence » dans un même paysage pour que leur rencontre se fasse ailleurs que dans la pensée et autrement que comme la convergence, sur un sommet, de plusieurs pentes. « Point diamanté actuel », telle est l'idée poétique, partielle et pourtant totale, et d'une nécessité qui ne doit pas nous paraître moins flagrante ni moins obscure que le réel. Dans cette direction Char a osé reprendre des Grecs, sinon des poètes du Concept, l'image violemment plurale, proprement inimaginable, que Thibaudet nommait « tangentielle ». Cette complexité diffère radicalement des brouillages de l'écriture automatique et des broderies du sommeil. Elle n'est pas plus éclectique que la grappe. Ou pour mieux dire, elle évoque la roue, dont les rayons divergent alors qu'ils communiquent vers le centre et par la circonférence. Roue du ruisseau : du moulin; brouette du jour : le soleil; roue du poète roué, d'Ixion, dans le ciel. Si le rayonnement est trop fort, et qu'il ne puisse être contenu au pourtour ni par la syntaxe presque instantanée du tour-à-tour, la roue, la rosace explosent ; et le poème repart sur de nouvelles langues, toujours plus combatives, du même feu. Mais qu'il s'agisse de la rotation de l'image dans un aphorisme, ou du relais incendiaire des contradictions, le temps ne devrait pas prendre de compétence accentuée sur le poème. Celui-ci veut être un accès, tout intensif, et d'un espace inétendu. La sincérité de Char tend, en effet, vers la limite où nul intervalle appréciable en durée ne séparerait plus ni l'angoisse, de la parole, ni le bonheur, de son partage. L'instance, si elle est pure, c'est sans délais qu'elle obtient, de nous comme du poète, ce dont elle est l'exigence : la « mise en liberté » d' « instants souverains ». Nous retrouvons ici l'exemple de l'éclair, conquérant dédaigneux de tout droit de suite, et dont on peut vérifier l'héritage, mais non écrire l'histoire.

Ce schéma d'une poétique de l'instant ne revendique pas de droits exagérés sur chaque poème pris à part, et l'on est toujours ridicule de vouloir ramener toutes les levées d'une œuvre à un seul mode de création. De fait, chez René Char, que ce soit à l'abrupt de sa reconquête d'un « nouvel âge primitif » ou sur son « versant tempéré », de la « bonne grâce » ou des « Matinaux », les textes ne manquent pas, qui évoqueraient le jaillissement continu ou le flux plutôt que le crépitement. Quelquefois même, quand l'émotion ne heurte plus d'obstacle après celui qui l'a lancée, son abondance se rythme par strophes ou suivant les rives en écho d'une « chanson ». Il n'empêche que, vue d' « au-dessus du vent », cette poésie trouve sa « novation » la plus insistante dans la formule engagée par la logique entrecoupée du « laconisme » : dans le « poème pulvérisé » ou dans la « parole en archipel ».

Le poème de ce type se caractérise par la verticalité de l'idée, l'intermittence de la voix et le rapport direct de l'unité avec le progrès du fractionnement.

L'image de l'archipel se formait dans cette œuvre bien avant que Char ne l'eût relevée pour programme. Archipel surtout grec, cela va sans dire : le mot ne signifie pas pour rien mer principale. L'Hellade, vue comme une « chaîne de volcans », telle que nous l'a faite le déluge de Zeus, pour la survie d'un roi, lui aussi semeur de pierres. Ces blocs, vertèbres de l'étendue, ce sont les irréductibles, témoins d'une intégrité qui ne combat que par îlots, non débris, mais « brisants »; briseurs d'horizons. Ils doivent à l'érosion de ne plus la craindre. Sur la table des eaux non comme une débâcle de dés, mais comme un échiquier de phares et de définitions. Relief armé, triangulaire, de la concision, reliefs renouvelés en pierres d'appel. Tels les Baux, « ruines douées d'avenir », qui défient même leur immersion dans le ciel. Tel, natif de l'insurrection, le poète, « la moitié du corps, le sommet du souffle dans l'inconnu », qui ne se plie que quand il courbe la Beauté « droite » encore sous lui. Et le poème aussi sera « debout », majuscule et frontal, le poème égéen, fait tout entier d'exceptions, de « parois » en écart sur la « prairie » du sel. La poésie, c'est le haut-fond. « Seuls demeurent », en effet, les sommets, chefs de parole et « fins de soi », pics victorieux du naufrage millénaire et quotidien.

Mais il n'y a de pointes que séparées. Le comble fait le vide, et l'expression lapidaire ressemble à un prophète lapidé. Le régime du poème en archipel, ce sera donc la grandeur discrète ou, plus exactement, l'alternance, que celle-ci se développe dans l'étendue d'un seul regard ou que, vibrant sur place, elle ponctue la durée. Le premier modèle nous est décrit par l'inversion des vestiges et des vertiges qui a fixé l'homme « des vieilles gelées » dans les *Dentelles de Montmirail*. Mais la « râpe des crêtes » se continue dans les sillons de la rivière ou du labour, ou dans la « chanson du velours à côtes » : « Le vent allait de l'un à l'autre, le vent, ou rien... » Mais c'est aussi le style de tout ce qui « scintille » ou « clignote » : de l'étoile entre les nuages, de l'émotion; du phare ou de l'épave, du frisson; du grelot, du grillon; du peuplier, du papillon; du « pendule » ou du faucheur « s'élevant, se voûtant »; du crible enfin : criblé, puis criblant — tel le poète! Et tel, intermittent, le cœur. Loué soit donc aussi l'hymne « raboteux », syncopé, contre-taillé de lacunes. Char, assurément, respecte la « voix égale » et les « mots groupés » de l'homme sûr, mais — exception faite pour le serpent, qui, d'ailleurs, rejoint ce rythme au « contresens » de sa faucille — il se méfie des natures « lisses », du sommeil, du geste de l'argent, tout comme des intérêts trop composés de l'orateur.

Et le jour manquant d'angles, il rêve une fois, pour réveiller la lumière, de « quelque chose de plus échancré ». Du moins veut-il que, pour connaître l'essentiel, l'on coupe l'œil de refus « souverains ». La paupière, serait-ce dans le sens contraire, imitera le pont-levis d'*Arsenal*. C'est toujours le « battement » qui sauve l'esprit. Et c'est là encore la négation qui fournit la main-d'œuvre, dans les « essarts » du Verbe ou, si l'on veut, par la « sieste blanche », règne d'un interroi, l'Émondeur. Il en résulte une durée selon la fortune, découpée, sinon (comme le « présent » d'*Hypnos*) « crénelée », par « le va-et-vient de la solitude à l'être » ou par le contrepoint des « solidarités blanches et noires ». Temps à longues et brèves, amébée. Le temps, s'il n'admettait pas de temps morts, ce serait la mort. Et le poète est encore le moins chronique des hommes : « Béant comme un volcan et frileux comme lui dans ses moments éteints. » Quand l'ennui lui impose son écorce. Mais Éros même? Lui aussi scande. Femme ou poésie : la « martelée ».

Ces idées de dentelure font voir quelle est en coupe l'unité génétique du poème. Chacun des éléments de l'alternance — saillant du verbe ou détroit du blanc — reproduit vers l'avant, serait-ce à un autre niveau, le couple d'opposition qu'il soutient avec le terme précédent. Et la coupure, en arrêtant le rapport sur le vide, montre que le poème, à la façon de l'absolu, ne rime finalement qu'avec lui-même. Mais à solliciter cette leçon trop générale, on ne dirait rien qui ne s'applique à toute combinaison de stances. Mieux vaut donc observer que le poème en archipel, par sa brièveté comme par le fait qu'il ne s'évase, si l'on peut dire, que vers sa pointe, se rapproche un peu du sonnet, d'un sonnet moins formaliste, frappé dans une durée plus active, orageuse, et par là plus propre à la « réception vécue écourtée de la réalité ». On pourrait aussi concevoir qu'une dialectique de l'archipel se prolonge entre les pièces d'un même recueil, puis entre tous les recueils d'un poète. A ceci près que les intervalles ne représenteraient plus ici les clairières de l'allusion, mais le « temps en sous-œuvre » ou, pour reparler d'archipel, l'immersion de l'auteur dans la vie.

Cette extension du schéma semblerait factice pour un poète moins comparable à lui-même que Char. Mais il est de fait qu'*Arsenal* et les *Dentelles de Montmirail* s'intègrent dans la « leçon sévère » ou l' « horizon remarquable » d'un seul et même livre, celui de l'œuvre entière. Part faite aux nuances de la diction, *Sosie* n'est pas d'une autre ère ou montée de l'imagination que *Lascaux; Artine*, aînée de la Minutieuse, retraverse son nom dans *Neuf Merci*, et la « dernière étincelle » de *Fontis*, c'est à l'autre extrémité la « torche du prodigue » qui l'avait allumée. Comprend-on bien toujours que seul un poète doué d'une suite inexorable pouvait situer la victoire dans le « terme épars » ? Le « saxifrage » ne venge que « l'homme de la stabilité unilatérale », et du rocher (tout autant que du progrès) : Prométhée. Quand on souffre du mal contraire, du « dur désir de durer », c'est à la *Poésie ininterrompue* qu'on s'adresse, non au

Poème pulvérisé (bel écart, à la même date, de deux poètes les plus unis!). La parole de Char n'est pas disloquée par la pensée, c'est une pensée qui, pour rejoindre « l'inextinguible réel incréé », désarticule le double « carcan » du réalisme et du discours. S'il a écrit : « La quantité de fragments me déchire », c'est à l'égard non de l'œuvre, mais de la vie : devant la « torture » bien réelle de l' « Avant-monde ». L'auteur, au contraire, quand il voit « la tour de ses poèmes » *en trente-trois morceaux*, il ne se plaint pas beaucoup de cette involontaire anthologie. Ce n'est pas d'ailleurs parce que la leçon d'Héraclite nous parle par mots séparés qu'elle mériterait moins l'éloge, que lui fait Char, d'avoir su ne pas « morceler la prodigieuse question ». Rien de plus déchiré que la scie, rien de plus suivi que son trait. L'image est du poète, pour comprendre Rimbaud.

Il est clair enfin que la discontinuité de l'archipel est superficielle. « L'assaut répété des sommets » reste « fraternel par le fond ». La base et le secret sont le plus solide des liens. Feuilles du même feu, flammes de la même tige; dactyles de la même main, du même mètre — Sporades, en une seule escadre de pierre, ou, dans la foule de l'eau, rocs de même roche! Homéomérie digne d'Anaxagore. Et parenté, comme il faut, radicale, c'est-à-dire interceptée. Car il n'y a pour Char de vraie fidélité, productive, que lointaine et cachée, comme de la source au puits ou « du cœur de l'arbre à l'extase du fruit ». Les instants ont entre eux le même « sol de la nuit ». Les îles, un même élément les sépare et, pour autant, les joint. De plus, comme l'essaim des émigrants, l'archipel, comme un « village d'oiseaux », présente une unité non seulement de famille, mais de direction. Il jalonne une évasion. C'est le passage à gué, et quel! non d'une rive à l'autre, mais vers le large. « ... Il n'y a pas de ponts, seulement l'eau qui se laisse traverser », ni de bon chemin que celui qui finit soit en plein champ, soit en plein ciel, soit sous le pied qui le pioche. Chemin « brisé », le poème. Comme une nuée d'écailles en foulaison, d'issues, comme une graminée du pain, rompu, quand il « rompt l'homme », puis offert, miroir — en poudre de guerre et de sympathie — d'une apothéose au comble du sacrifice. Et c'est la somme reportée dans une prolifération du principe.

Car telle est bien pour René Char l'échéance ou l'apogée de toute création : le point. Non le point mortel, unique, du delta sur l'horizon, mais le point multiple, « ambiant », de l'abeille à foison dans le tilleul, ou du pollen : comme un « fourmillement de l'air en délire ». Une chose a son infini quand elle devient infinitésimale. Foudroyée, elle occupe tout l'espace. Elle ne croit qu'en minutie, jusqu'au terme (du poème ou de la saison) où l' « insécable » est encore partagé, mais avec la terre, pour la levée d'une pointe, germe ou désir, dans le point. Voilà « pourquoi poème pulvérisé ». Ce sera la grenade à cœur ouvert, l'élargissement des spores, l'espace gratifié. Sans diviser l'on peut régner, mais non répandre. L'avenir est en pièces. Et l'on ne sème que le prodige, et seuls le peuvent les prodigues :

le bras nourricier même des oiseaux, l'Éros par millions, la foudre, le « martinet », l'averse, le serpent, tous à l'image du fouet, tous de plein fouet. La dédicace est excessive, et le printemps, s'il s' « éparpille », fleurira même la mort. Rien n'est « éperdu » — source ou douleur — en pure perte; « épars », « dispersé » ne sont prononcés dans cette poésie qu'avec émotion, pour le bien. Et la poussière y est aimée, cassure de la « pierre d'âme » ou galaxie : « Nos travaux, disent les cantonniers de Courbet, seront visibles dans le ciel. » Certes, Char hait le sable, et le désert, ce sablier, et il hait à peine moins la cendre, qui se compare au résultat et qui sans le vent tuerait la flamme avant que le bûcher n'ait tout donné. Mais la poussière l' « émeut aux larmes », « lyre sans bornes », « surcroît de notre cœur », poudre explosive, ou meunière de la route et du buisson; du tamis, de l'étamine; de l'embrun : « pulvérin »; pruine du froid, givre oublié par la mer, sel de la terre ou, plus léger, de la mort : « Salut, poussière mienne, salut d'avance!... » Bref, il n'y a, pour Char, de « connaissance » que « divisible », et la cible n'est atteinte que comme un crible, et seul est absolu le vol qui se volatilise. Ce n'est pas sans raison que la pierre philosophale était nommée « poudre de projection ». Tel, donc, le poème. Et tandis qu'il s'effrite, il se recompose. Parce que la « diaspora » ne couvre pas un espace moins défini que l'idée dont elle est le but et l'analyse. Idée « régale », comme « l'eau de départ », qui dissout l'or. Et, après tout, la convention d'un poème qui ne se démultiplierait pas sans réaliser l'idéal, c'est-à-dire la somme de sa multiplicité, cette convention rejoint l'évidence, ou n'est pas plus étrange, par exemple, que les systèmes voulant que pour le concept d'Être l'extension croisse en proportion directe de la compréhension.

De toute façon, la limite du « terme épars » n'accorde pas au poète l'ubiquité sans exiger son « effacement ». Un instant de plus, et le libérateur deviendrait notre tyran. Son oppresseur aussi, car, maître de tous par la parole, il n'est pas maître d'y « rentrer ». D'ailleurs, une victoire ne dure pas. « Celui qui part n'est point menteur. » Congé sur la falaise! Et la conclusion manque, et l'index du Philosophe serait gnomique et non gnostique si l'ongle n'en était « arraché ». « Le dernier mot, c'est le ciel qui l'a. » Bien mauvais directeur, l'artiste, et qui n'aurait rien fait, ni prêché d'exemple, s'il n'avait coupé l'adieu. Le poème est celui qui « sait se faire regretter déjà de son vivant ». « L'Ami ne reste pas. » La vague, au surplomb, commence sa reprise avant d'achever son don : l'élan que le poète nous inspire, c'est — selon Char — celui qui nous l'enlève.

Ce partage, entre nous et l'auteur, d'une parole qui se confond avec le silence dès que celui-ci — « mutisme et mutation du verbe » — est devenu tout poétique, ce « partage », comme celui de la Sorgue, clive dans le destin deux versants. Le poème, en lui-même, s'élargira dans la hauteur, complet, mais infini, « croissant » dans le mystère de son reproche. Mais nous, qui ne sommes une ébauche que toujours débauchée, nous nous laisserons déporter de ce sillage. Plus ou moins tôt, selon notre amour. Non dès l'issue, car c'est en nous quittant que le poème obtient l'afflux de notre écoute. Comme le chant du coq est « maître du silence » qui suit. Puis, peu à peu, la vie. La source ne diluera plus la boue, ou comme le « moulin pétrifié » dont « les roues raclent une eau toujours plus basse » et « difficile », nous ne toucherons plus à la poésie que par le besoin d'être réentraînés par elle.

Mais avec ce labeur, cette chute dans la tragique modération de l'existence, on est loin de la « nef qui pavoise à l'instant du naufrage ». Loin aussi du poème qui, comme la nuit, ne « tombe » qu'en « montant ». Sur ce seuil, l'unité n'était pas moins transmise que réalisée par la division, transmise comme le feu « indécomposable », par la parcelle en sommation, dans l'unité d'un « brasillement ». Le « combat de tisons » n'aura pas eu lieu en vain. Ne croyez pas que même les éclairs de chaleur, dans les nuits d'août ou dans les fêtes de l'indignation poétique, restent en l'air : « Le filon de foudre se perd sous terre. Or nocturne. » Un tourbillon les signe : *Fontis*, et le « grain solaire » qui y saignait le soir amorce le matin. Il suffit d'ailleurs d'une miette qui ne serait pas « morte dans l'incendie » pour « déposer » tout le témoignage surnaturel du Commencement. D'une bluette, d'un mot les barrières brûlent. Et le météore, en partageant le ciel, relie deux planètes. « Ah ! le prix de cette escarbille ! » Le fond de l'âme, disait Maître Eckhart, c'est l'étincelle ou l'unité.

Georges Blin.

I

Cette fumée qui nous portait

DÉCLARER SON NOM

J'avais dix ans. La Sorgue m'enchâssait. Le soleil chantait les heures sur le sage cadran des eaux. L'insouciance et la douleur avaient scellé le coq de fer sur le toit des maisons et se supportaient ensemble. Mais quelle roue dans le cœur de l'enfant aux aguets tournait plus fort, tournait plus vite que celle du moulin dans son incendie blanc ?

JOUVENCE DES NÉVONS

Dans l'enceinte du parc, le grillon ne se tait que pour s'établir davantage.

Dans le parc des Névons
Ceinturé de prairies,
Un ruisseau sans talus,
Un enfant sans ami
Nuancent leur tristesse
Et vivent mieux ainsi.

Dans le parc des Névons
Un rebelle s'est joint
Au ruisseau, à l'enfant,
A leur mirage enfin.

Dans le parc des Névons
Mortel serait l'été
Sans la voix d'un grillon
Qui, par instant, se tait.

L'ADOLESCENT SOUFFLETÉ

Les mêmes coups qui l'envoyaient au sol le lançaient en même temps loin devant sa vie, vers les futures années où, quand il saignerait, ce ne serait plus à cause de l'iniquité d'un seul. Tel l'arbuste que réconfortent ses racines et qui presse ses rameaux meurtris contre son fût résistant, il descendait ensuite à reculons dans le mutisme de ce savoir et dans son innocence. Enfin il s'échappait, s'enfuyait et devenait souverainement heureux. Il atteignait la prairie et la barrière des roseaux dont il cajolait la vase et percevait le sec frémissement. Il semblait que ce que la terre avait produit de plus noble et de plus persévérant, l'avait, en compensation, adopté.

Il recommencerait ainsi jusqu'au moment où, la nécessité de rompre disparue, il se tiendrait droit et attentif parmi les hommes, à la fois plus vulnérable et plus fort.

COMMUNE PRÉSENCE

Tu es pressé d'écrire,
Comme si tu étais en retard sur la vie.
S'il en est ainsi fais cortège à tes sources.
Hâte-toi.
Hâte-toi de transmettre
Ta part de merveilleux de rébellion de bienfaisance.
Effectivement tu es en retard sur la vie,
La vie inexprimable,
La seule en fin de compte à laquelle tu acceptes de t'unir,
Celle qui t'est refusée chaque jour par les êtres et par les choses,
Dont tu obtiens péniblement de-ci de-là quelques fragments décharnés
Au bout de combats sans merci.
Hors d'elle, tout n'est qu'agonie soumise, fin grossière.
Si tu rencontres la mort durant ton labeur,
Reçois-la comme la nuque en sueur trouve bon le mouchoir aride,
En t'inclinant.

Si tu veux rire,
Offre ta soumission,
Jamais tes armes.
Tu as été créé pour des moments peu communs.
Modifie-toi, disparais sans regret
Au gré de la rigueur suave.
Quartier suivant quartier la liquidation du monde se poursuit
Sans interruption,
Sans égarement.

Essaime la poussière.
Nul ne décèlera votre union.

LA VÉRITÉ
VOUS RENDRA LIBRES

Tu es lampe, tu es nuit;
Cette lucarne est pour ton regard,
Cette planche pour ta fatigue,
Ce peu d'eau pour ta soif,
Les murs entiers sont à celui que ta clarté met au
monde,
O détenue, ô Mariée!

QU'IL VIVE !

Ce pays n'est qu'un
vœu de l'esprit, un
contre-sépulcre.

Dans mon pays, les tendres preuves du printemps et les oiseaux mal habillés sont préférés aux buts lointains.

La vérité attend l'aurore à côté d'une bougie. Le verre de fenêtre est négligé. Qu'importe à l'attentif.

Dans mon pays, on ne questionne pas un homme ému.

Il n'y a pas d'ombre maligne sur la barque chavirée.

Bonjour à peine, est inconnu dans mon pays.

On n'emprunte que ce qui peut se rendre augmenté.

Il y a des feuilles, beaucoup de feuilles sur les arbres de mon pays. Les branches sont libres de n'avoir pas de fruits.

On ne croit pas à la bonne foi du vainqueur.

Dans mon pays, on remercie.

SUZERAIN

Nous commençons toujours notre vie sur un crépuscule admirable. Tout ce qui nous aidera, plus tard, à nous dégager de nos déconvenues s'assemble autour de nos premiers pas.

La conduite des hommes de mon enfance avait l'apparence d'un sourire du ciel adressé à la charité terrestre. On y saluait le mal comme une incartade du soir. Le passage d'un météore attendrissait. Je me rends compte que l'enfant que je fus, prompt à s'éprendre comme à se blesser, a eu beaucoup de chance. J'ai marché sur le miroir d'une rivière pleine d'anneaux de couleuvre et de danses de papillons. J'ai joué dans des vergers dont la robuste vieillesse donnait des fruits. Je me suis tapi dans des roseaux, sous la garde d'êtres forts comme des chênes et sensibles comme des oiseaux.

Ce monde net est mort sans laisser de charnier. Il n'est plus resté que souches calcinées, surfaces errantes, informe pugilat et l'eau bleue d'un puits minuscule veillée par cet Ami silencieux.

La connaissance eut tôt fait de grandir entre nous. *Ceci n'est plus*, avais-je coutume de dire. *Ceci n'est pas*, corrigeait-il. *Pas* et *plus* étaient disjoints. Il m'offrait, à la gueule d'un serpent qui souriait, mon impossible que je pénétrais sans souffrir. D'où venait cet Ami? Sans doute, du moins sombre, du moins ouvrier des soleils. Son énergie que je jugeais grande éclatait en fougères patientes, humidité pour mon espoir. Ce dernier, en vérité, n'était qu'une neige de l'existence, l'affinité du renouveau. Un butin s'amoncelait, dessinant le littoral cruel que j'aurais un jour à parcourir. Le cœur de mon Ami m'entrait dans le cœur comme un trident, cœur souverain égaillé dans des conquêtes bientôt réduites en cendres, pour marquer combien la tentation se déprime chez qui s'établit, se rend. Nos confidences ne construiraient pas d'église; le mutisme reconduisait tous nos pouvoirs.

Il m'apprit à voler au-dessus de la nuit des mots, loin de l'hébétude des navires à l'ancre. Ce n'est pas le glacier qui nous importe mais ce qui le fait possible indéfiniment, sa solitaire vraisemblance. Je nouai avec des haines enthousiastes que j'aidai à vaincre puis quittai. (Il suffit de fermer les yeux pour ne plus être reconnu.) Je retirai aux choses l'illusion qu'elles produisent pour se préserver de nous et leur laissai la part qu'elles nous concèdent. Je vis qu'il n'y aurait jamais de femme pour moi dans MA ville. La frénésie des cascades, symboliquement, acquitterait mon bon vouloir.

J'ai remonté ainsi l'âge de la solitude jusqu'à la demeure suivante de L'HOMME VIOLET. Mais il ne disposait là que du morose état civil de ses prisons, de son expérience muette de persécuté, et nous n'avions, nous, que son signalement d'évadé.

CAPTIFS

Ma jeunesse en jouant fit la vie prisonnière.
O donjon où je vis!

Champs, vous vous mirez dans mes quatre moissons.
Je tonne, vous tournez.

REDONNEZ-LEUR...

Redonnez-leur ce qui n'est plus présent en eux,
Ils reverront le grain de la moisson s'enfermer dans l'épi et s'agiter sur l'herbe.
Apprenez-leur, de la chute à l'essor, les douze mois de leur visage,
Ils chériront le vide de leur cœur jusqu'au désir suivant;
Car rien ne fait naufrage ou ne se plaît aux cendres;
Et qui sait voir la terre aboutir à des fruits,
Point ne l'émeut l'échec quoiqu'il ait tout perdu.

PYRÉNÉES

Montagne des grands abusés,
Au sommet de vos tours fiévreuses
Faiblit la dernière clarté.

Rien que le vide et l'avalanche,
La détresse et le regret!

Tous ces troubadours mal-aimés
Ont vu blanchir dans un été
Leur doux royaume pessimiste.

Ah! la neige est inexorable
Qui aime qu'on souffre à ses pieds,
Qui veut que l'on meure glacé
Quand on a vécu dans les sables.

LE LORIOT

3 septembre 1939.

Le loriot entra dans la capitale de l'aube.
L'épée de son chant ferma le lit triste.
Tout à jamais prit fin.

CHANT DU REFUS

Début du partisan.

Le poète est retourné pour de longues années dans le néant du père. Ne l'appelez pas, vous tous qui l'aimez. S'il vous semble que l'aile de l'hirondelle n'a plus de miroir sur terre, oubliez ce bonheur. Celui qui panifiait la souffrance n'est pas visible dans sa léthargie rougeoyante.

Ah! beauté et vérité fassent que vous soyez *présents* nombreux aux salves de la délivrance!

VIVRE AVEC DE TELS HOMMES

Tellement j'ai faim, je dors sous la canicule des preuves. J'ai voyagé jusqu'à l'épuisement, le front sur le séchoir noueux. Afin que le mal demeure sans relève, j'ai étouffé ses engagements. J'ai effacé son chiffre de la gaucherie de mon étrave. J'ai répliqué aux coups. On tuait de si près que le monde s'est voulu meilleur. Brumaire de mon âme jamais escaladé, qui fait feu dans la bergerie déserte? Ce n'est plus la volonté elliptique de la scrupuleuse solitude. Aile double des cris d'un million de crimes se levant soudain dans des yeux jadis négligents, montrez-nous vos desseins et cette large abdication du remords!

. . . .

Montre-toi; nous n'en avions jamais fini avec le sublime bien-être des très maigres hirondelles. Avides de s'approcher de l'ample allégement. Incertains dans le temps que l'amour grandissait. Incertains, eux seuls, au sommet du cœur.

Tellement j'ai faim.

NE S'ENTEND PAS

Au cours de la lutte si noire et de l'immobilité si noire, la terreur aveuglant mon royaume, je m'élevai des lions ailés de la moisson jusqu'au cri froid de l'anémone. Je vins au monde dans la difformité des chaînes de chaque être. Nous nous faisions libres tous deux. Je tirai d'une morale compatible les secours irréprochables. Malgré la soif de disparaître, je fus prodigue dans l'attente, la foi vaillante. Sans renoncer.

CARTE DU 8 NOVEMBRE

Les clous dans notre poitrine, la cécité transissant nos os, qui s'offre à les subjuguer? Pionniers de la vieille église, affluence du Christ, vous occupez moins de place dans la prison de notre douleur que le trait d'un oiseau sur la corniche de l'air. La foi! Son baiser s'est détourné avec horreur de ce nouveau calvaire. Comment son bras tiendrait-il démurée notre tête, lui qui vit, retranché des fruits de son prochain, de la charité d'une serrure inexacte? Le suprême écœurement, celui à qui la mort même refuse son ultime fumée, se retire, déguisé en seigneur.

Notre maison vieillira à l'écart de nous, épargnant le souvenir de notre amour couché intact dans la tranchée de sa seule reconnaissance.

Tribunal implicite, cyclone vulnéraire, que tu nous rends tard le but et la table où la faim entrait la première! Je suis aujourd'hui pareil à un chien enragé enchaîné à un arbre plein de rires et de feuilles.

LOUIS CUREL DE LA SORGUE

Sorgue qui t'avances derrière un rideau de papillons qui pétillent, ta faucille de doyen loyal à la main, la crémaillère du supplice en collier à ton cou, pour accomplir ta journée d'homme, quand pourrai-je m'éveiller et me sentir heureux au rythme modelé de ton seigle irréprochable? Le sang et la sueur ont engagé leur combat qui se poursuivra jusqu'au soir, jusqu'à ton retour solitude aux marges de plus en plus grandes. L'arme de tes maîtres, l'horloge des marées, achève de pourrir. La création et la risée se dissocient. L'air-roi s'annonce. Sorgue, tes épaules comme un livre ouvert propagent leur lecture. Tu as été, enfant, le fiancé de cette fleur au chemin tracé dans le rocher, qui s'évadait par un frelon... Courbé, tu observes aujourd'hui l'agonie du persécuteur qui arracha à l'aimant de la terre la cruauté d'innombrables fourmis pour la jeter en millions de meurtriers contre les tiens et ton espoir. Écrase donc encore une fois cet œuf cancéreux qui résiste...

Il y a un homme à présent debout, un homme dans un champ de seigle, un champ pareil à un chœur mitraillé, un champ sauvé.

LE BOUGE DE L'HISTORIEN

La pyramide des martyrs obsède la terre.

Onze hivers tu auras renoncé au quantième de l'espérance, à la respiration de ton fer rouge, en d'atroces performances psychiques. Comète tuée net, tu auras barré sanglant la nuit de ton époque. Interdiction de croire tienne cette page d'où tu prenais élan pour te soustraire à la géante torpeur d'épine du Monstre, à son contentieux de massacreurs.

Miroir de la murène! Miroir du vomito! Purin d'un feu plat tendu par l'ennemi!

Dure, afin de pouvoir encore mieux aimer un jour ce que tes mains d'autrefois n'avaient fait qu'effleurer sous l'olivier trop jeune.

PLISSEMENT

Qu'il était pur, mon frère, le prête-nom de ta faillite — j'entends tes sanglots, tes jurons —. O vie transcrite du large sel maternel! L'homme aux dents de furet abreuvait son zénith dans la terre des caves, l'homme au teint de mouchard tuméfiait partout la beauté bien-aimée. Vieux sang voûté, mon gouverneur, nous avons goûté jusqu'à la terreur le dégel lunaire de la nausée. Nous nous sommes étourdis de patience sauvage; une lampe inconnue de nous, inaccessible à nous, à la pointe du monde, tenait éveillés le courage et le silence.

Vers ta frontière, ô vie humiliée, je marche maintenant au pas des certitudes, averti que la vérité ne précède pas obligatoirement l'action. Folle sœur de ma phrase, ma maîtresse scellée, je te sauve d'un hôtel de décombres.

Le sabre bubonique tombe des mains du Monstre au terme de l'exode du temps de s'exprimer.

HOMMAGE ET FAMINE

Femme qui vous accordez avec la bouche du poète, ce torrent au limon serein, qui lui avez appris, alors qu'il n'était encore qu'une graine captive de loup anxieux, la tendresse des hauts murs polis par votre nom (hectares de Paris, entrailles de beauté, mon feu monte sous vos robes de fugue). Femme qui dormez dans le pollen des fleurs, déposez sur son orgueil votre givre de médium illimité, afin qu'il demeure jusqu'à l'heure de la bruyère d'ossements l'homme qui pour mieux vous adorer reculait indéfiniment en vous la diane de sa naissance, le poing de sa douleur, l'horizon de sa victoire.

(Il faisait nuit. Nous nous étions serrés sous le grand chêne de larmes. Le grillon chanta. Comment savait-il, solitaire, que la terre n'allait pas mourir, que nous, les enfants sans clarté, allions bientôt parler ?)

CUR SECESSISTI ?

Neige, caprice d'enfant, soleil qui n'as que l'hiver pour devenir un astre, au seuil de mon cachot de pierre, venez vous abriter. Sur les pentes d'Aulan, mes fils qui sont incendiaires, mes fils qu'on tue sans leur fermer les yeux, s'augmentent de votre puissance.

CETTE FUMÉE QUI NOUS PORTAIT

Cette fumée qui nous portait était sœur du bâton qui dérange la pierre et du nuage qui ouvre le ciel. Elle n'avait pas mépris de nous, nous prenait tels que nous étions, minces ruisseaux nourris de désarroi et d'espérance, avec un verrou aux mâchoires et une montagne dans le regard.

AFFRES, DÉTONATION, SILENCE

Le Moulin du Calavon. Deux années durant, une ferme de cigales, un château de martinets. Ici tout parlait torrent, tantôt par le rire, tantôt par les poings de la jeunesse. Aujourd'hui, le vieux réfractaire faiblit au milieu de ses pierres, la plupart mortes de gel, de solitude et de chaleur. A leur tour les présages se sont assoupis dans le silence des fleurs.

Roger Bernard : l'horizon des monstres était trop proche de sa terre.

Ne cherchez pas dans la montagne; mais si, à quelques kilomètres de là, dans les gorges d'Oppedette, vous rencontrez la foudre au visage d'écolier, allez à elle, oh! allez à elle et souriez-lui car elle doit avoir faim, faim d'amitié.

LA LIBERTÉ

Elle est venue par cette ligne blanche pouvant tout aussi bien signifier l'issue de l'aube que le bougeoir du crépuscule.

Elle passa les grèves machinales; elle passa les cimes éventrées.

Prenaient fin la renonciation à visage de lâche, la sainteté du mensonge, l'alcool du bourreau.

Son verbe ne fut pas un aveugle bélier mais la toile où s'inscrivit mon souffle.

D'un pas à ne se mal guider que derrière l'absence, elle est venue, cygne sur la blessure, par cette ligne blanche.

SEPT PARCELLES DE LUBÉRON

I

Couchés en terre de douleur,
Mordus des grillons, des enfants,
Tombés de soleils vieillissants,
Doux fruits de la Brémonde.

Dans un bel arbre sans essaim,
Vous languissez de communion,
Vous éclatez de division,
Jeunesse, voyante nuée.

Ton naufrage n'a rien laissé
Qu'un gouvernail pour notre cœur,
Un rocher creux pour notre peur,
O Buoux, barque maltraitée.

Tels des mélèzes grandissants,
Au-dessus des conjurations,
Vous êtes le calque du vent,
Mes jours, muraille d'incendie.

*

C'était près. En pays heureux.
Élevant sa plainte au délice,
Je frottai le trait de ses hanches
Contre les ergots de tes branches,
Romarin, lande butinée.

*

De mon logis, pierre après pierre,
J'endure la démolition.
Seul sut l'exacte dimension
Le dévot, d'un soir, de la mort.

L'hiver se plaisait en Provence
Sous le regard gris des Vaudois;
Le bûcher a fondu la neige,
L'eau glissa bouillante au torrent.

Avec un astre de misère,
Le sang à sécher est trop lent.
Massif de mes deuils, tu gouvernes :
Je n'ai jamais rêvé de toi.

II

TRAVERSÉE

Sur la route qui plonge au loin
Ne s'élève plus un cheval.
La ravinée dépite un couple;
Puis l'herbe, d'une basse branche
Se donne un toit, et le lui tend.
Sous la fleur rose des bruyères
Ne sanglote pas le chagrin.
Buses, milans, martres, ratiers,
Et les funèbres farandoles,
Se tiennent aux endroits sauvages.
Le seigle trace la frontière
Entre la fougère et l'appel.
Lâcher un passé négligeable.
Que faut-il,
La barre du printemps au front,
Pour que le nuage s'endorme
Sans rouler au bord de nos yeux?
Que manque-t-il,
Bonheur d'être et galop éteint,
Hache enfoncée entre les deux?

Bats-toi, souffrant ! Va-t'en, captif !
La transpiration des bouchers
Hypnotise encore Mérindol.

2

Battre tout bas

BEL ÉDIFICE
ET LES PRESSENTIMENTS

J'écoute marcher dans mes jambes
La mer morte, vagues par-dessus tête.

Enfant la jetée-promenade sauvage,
Homme l'illusion imitée

Des yeux purs dans les bois
Cherchent en pleurant la tête habitable.

UN OISEAU...

Un oiseau chante sur un fil
Cette vie simple, à fleur de terre.
Notre enfer s'en réjouit.

Puis le vent commence à souffrir
Et les étoiles s'en avisent.

O folles, de parcourir
Tant de fatalité profonde!

FENAISON

O nuit, je n'ai rapporté de ta félicité que l'apparence parfumée d'ellipses d'oiseaux insaisissables! Rien n'imposait le mouvement que ta main de pollen qui fondait sur mon front aux moulinets d'une lampe d'anémone. Aux approches du désir les meules bleu de ciel s'étaient l'une après l'autre soulevées, car mort là-bas était le Faneur, vieillard masqué, acteur félon, chimiste du maudit voyage.

Je m'appuie un moment sur la pelle du déluge et chantourne sa langue. Mes sueurs d'agneau noir provoquent le sarcasme. Ma nausée se grossit de soudains consentements dont je n'arrive pas à maintenir le cours. Anneau tard venu, enclavé dans la chevalerie pythienne saturée de feu et de vieillesse, quel compagnon engagerais-je? Je prends place inaperçu sur le tirant de l'étrave jusqu'à la date fleurie où rougeoiera ma cendre.

O nuit, je n'ai pu traduire en galaxie son Apparition que j'épousai étroitement dans les temps purs de la fugue ! Cette Sœur immédiate tournait le cœur du jour.

Salut à celui qui marche en sûreté à mes côtés, au terme du poème. Il passera demain DEBOUT sous le vent.

CERTITUDE

Sans lendemain sensible ni capitale à abréger.
Sans le péril sournois du chlore aux barrages qui abritent son île publique,
Ma réserve.
Sans cette lueur de talion qui perfore les meules hideuses où je me suis agité.
Sans ces forains tardifs aux bras chargés de lilas.
Sans ces perfections émaciées attirantes comme la rondeur classique.
Messager en sang dans l'émotion du piège, expiré le congé d'orage,
Je t'étreins sans élan sans passé, ô diluvienne amoureuse, indice adulte.

LA ROUTE PAR LES SENTIERS

Les sentiers, les entailles qui longent invisiblement la route, sont notre unique route, à nous qui parlons pour vivre, qui dormons, sans nous engourdir, sur le côté.

ROBUSTES MÉTÉORES

Dans le bois on écoute bouillir le ver,
La chrysalide tournant au clair visage
Sa délivrance naturelle.

Les hommes ont faim
De viandes secrètes, d'outils cruels.
Levez-vous, bêtes à égorger,
A gagner le soleil.

SUR LES HAUTEURS

Attends encore que je vienne
Fendre le froid qui nous retient.

Nuage, en ta vie aussi menacée que la mienne.

(Il y avait un précipice dans notre maison.
C'est pourquoi nous sommes partis et nous sommes
établis ici.)

HERMÉTIQUES OUVRIERS...

Hermétiques ouvriers
En guerre avec mon silence,

Même le givre vous offense
A la vitre associé!
Même une bouche que j'embrasse
Sur sa muette fierté!

Partout j'entends implorer grâce
Puis rugir et déferler,
Fugitifs devant la torche,
Agonie demain buisson.

Dans la ville où elle existe,
La foule s'enfièvre déjà.
La lumière qui lui ment
Est un tambour dans l'espace.

Aux épines du torrent
Ma laine maintient ma souffrance.

SOSIE

Animal,
A l'aide de pierres,
Efface mes longues pelisses.

Homme,
Je n'ose pas me servir
Des pierres qui te ressemblent.

Animal,
Gratte avec tes ongles,
Ma chair est d'une rude écorce.

Homme,
J'ai peur du feu
Partout où tu te trouves.

Animal,
Tu parles
Comme un homme.

Détrompe-toi,
Je ne vais pas au bout de ton dénuement.

LE MORTEL PARTENAIRE

A Maurice Blanchot.

Il la défiait, s'avançait vers son cœur, comme un boxeur ourlé, ailé et puissant, bien au centre de la géométrie attaquante et défensive de ses jambes. Il pesait du regard les qualités de l'adversaire qui se contentait de rompre, cantonné entre une virginité agréable et son expérience. Sur la blanche surface où se tenait le combat, tous deux oubliaient les spectateurs inexorables. Dans l'air de juin voltigeait le prénom des fleurs du premier jour de l'été. Enfin une légère grimace courut sur la joue du second et une raie rose s'y dessina. La riposte jaillit sèche et conséquente. Les jarrets soudain comme du linge étendu, l'homme flotta et tituba. Mais les poings en face ne poursuivirent pas leur avantage, renoncèrent à conclure. A présent les têtes meurtries des deux battants dodelinaient l'une contre l'autre. A cet instant le premier dut à dessein prononcer à l'oreille du second des paroles si parfaitement offensantes, ou appropriées, ou énigmatiques, que de celui-ci fila, prompte, totale, précise, une foudre qui coucha net l'incompréhensible combattant.

Certains êtres ont une signification qui nous manque. Qui sont-ils? Leur secret tient au plus profond du secret même de la vie. Ils s'en approchent. Elle les tue. Mais l'avenir qu'ils ont ainsi éveillé d'un murmure, les devinant, les crée. O dédale de l'extrême amour!

L'ARTISANAT FURIEUX

La roulotte rouge au bord du clou,
Et cadavre dans le panier,
Et chevaux de labours dans le fer à cheval :
Je rêve, la tête sur la pointe de mon couteau, le
Pérou.

LE CARREAU

Pures pluies, femmes attendues,
La face que vous essuyez,
De verre voué aux tourments,
Est la face du révolté;
L'autre, la vitre de l'heureux,
Frissonne devant le feu de bois.

Je vous aime mystères jumeaux,
Je touche à chacun de vous;
J'ai mal et je suis léger.

DEVANCIER

A Yves de Bayser.

J'ai reconnu dans un rocher la mort fuguée et mensurable, le lit ouvert de ses petits comparses sous la retraite d'un figuier. Nul signe de tailleur : chaque matin de la terre ouvrait ses ailes au bas des marches de la nuit.

Sans redite, allégé de la peur des hommes, je creuse dans l'air ma tombe et mon retour.

JOUE ET DORS...

Joue et dors, bonne soif, nos oppresseurs ici ne sont pas sévères.
Volontiers ils plaisantent ou nous tiennent le bras
Pour traverser la périlleuse saison.
Sans doute, le poison s'est-il assoupi en eux,
Au point de desserrer leur barbare humeur.
Comme ils nous ont pourtant pourchassés jusqu'ici, ma soif,
Et contraints à vivre dans l'abandon de notre amour réduit à une mortelle providence!
Aromates, est-ce pour vous? Ou toutes plantes qui luttez sous un mur de sécheresse, est-ce pour vous? Ou nuages au grand large, prenant congé de la colonne?
Dans l'immense, comment deviner?

Qu'entreprendre pour fausser compagnie à ces tyrans, ô mon amie?
Joue et dors, que je mesure bien nos chances.

Mais, si tu me viens en aide, je devrais t'entraîner avec moi, et je ne veux pas t'exposer.
Alors, restons encore... Et qui pourrait nous dire lâches ?

LES TROIS SŒURS

Mon amour à la robe de phare bleu,
je baise la fièvre de ton visage
où couche la lumière qui jouit en secret.

J'aime et je sanglote. Je suis vivant
et c'est ton cœur cette Étoile du Matin
à la durée victorieuse qui rougit avant
de rompre le combat des Constellations.

Hors de toi, que ma chair devienne la voile
qui répugne au vent.

I

Dans l'urne des temps secondaires
L'enfant à naître était de craie.

La marche fourchue des saisons
Abritait d'herbe l'inconnu.

La connaissance divisible
Pressait d'averses le printemps.
Un aromate de pays
Prolongeait la fleur apparue.

Communication qu'on outrage,
Écorce ou givre déposés;
L'air investit, le sang attise;
L'œil fait mystère du baiser.

Donnant vie à la route ouverte,
Le tourbillon vint aux genoux;
Et cet élan, le lit des larmes
S'en emplit d'un seul battement.

II

La seconde crie et s'évade
De l'abeille ambiante et du tilleul vermeil.
Elle est un jour de vent perpétuel,

Le dé bleu du combat, le guetteur qui sourit
Quand sa lyre profère : « Ce que je veux, sera. »

C'est l'heure de se taire
De devenir la tour
Que l'avenir convoite.

Le chasseur de soi fuit sa maison fragile :
Son gibier le suit n'ayant plus peur.

Leur clarté est si haute, leur santé si nouvelle,
Que ces deux qui s'en vont sans rien signifier
Ne sentent pas les sœurs les ramener à elles
D'un long bâillon de cendre aux forêts blanches.

III

Cet enfant sur ton épaule
Est ta chance et ton fardeau.
Terre en quoi l'orchidée brûle,
Ne le fatiguez pas de vous.

Restez fleur et frontière,
Restez manne et serpent ;

Ce que la chimère accumule
Bientôt délaisse le refuge.

Meurent les yeux singuliers
Et la parole qui découvre.
La plaie qui rampe au miroir
Est maîtresse des deux bouges.

Violente l'épaule s'entrouvre;
Muet apparaît le volcan.
Terre sur quoi l'olivier brille,
Tout s'évanouit en passage.

CHANSON DU VELOURS A COTES

Le jour disait : « Tout ce qui peine m'accompagne, s'attache à moi, se veut heureux. Témoins de ma comédie, retenez mon pied joyeux. J'appréhende midi et sa flèche méritée. Il n'est de grâce à quérir pour prévaloir à ses yeux. Si ma disparition sonne votre élargissement, les eaux froides de l'été ne me recevront que mieux. »

La nuit disait : « Ceux qui m'offensent meurent jeunes. Comment ne pas les aimer ? Prairie de tous mes instants, ils ne peuvent me fouler. Leur voyage est mon voyage et je reste obscurité. »

Il était entre les deux un mal qui les déchirait. Le vent allait de l'un à l'autre ; le vent ou rien, les pans de la rude étoffe et l'avalanche des montagnes, ou rien.

POST-SCRIPTUM

Écartez-vous de moi qui patiente sans bouche;
A vos pieds je suis né, mais vous m'avez perdu;
Mes feux ont trop précisé leur royaume;
Mon trésor a coulé contre votre billot.

Le désert comme asile au seul tison suave
Jamais ne m'a nommé, jamais ne m'a rendu.

Écartez-vous de moi qui patiente sans bouche :
Le trèfle de la passion est de fer dans ma main.

Dans la stupeur de l'air où s'ouvrent mes allées,
Le temps émondera peu à peu mon visage,
Comme un cheval sans fin dans un labour aigri.

AUX PORTES D'AEREA

L'heureux temps. Chaque cité était une grande famille que la peur unissait; le chant des mains à l'œuvre et la vivante nuit du ciel l'illuminaient. Le pollen de l'esprit gardait sa part d'exil.

Mais le présent perpétuel, le passé instantané, sous la fatigue maîtresse, ôtèrent les lisses.

Marche forcée, au terme épars. Enfants battus, chaume doré, hommes sanieux, tous à la roue!

Visée par l'abeille de fer, la rose en larmes s'est ouverte.

3

Haine du peu d'amour

CONGÉ AU VENT

A flancs de coteau du village bivouaquent des champs fournis de mimosas. A l'époque de la cueillette, il arrive que, loin de leur endroit, on fasse la rencontre extrêmement odorante d'une fille dont les bras se sont occupés durant la journée aux fragiles branches. Pareille à une lampe dont l'auréole de clarté serait de parfum, elle s'en va, le dos tourné au soleil couchant.

Il serait sacrilège de lui adresser la parole.

L'espadrille foulant l'herbe, cédez-lui le pas du chemin. Peut-être aurez-vous la chance de distinguer sur ses lèvres la chimère de l'humidité de la Nuit ?

AFIN QU'IL N'Y SOIT RIEN CHANGÉ

I

Tiens mes mains intendantes, gravis l'échelle noire, ô Dévouée; la volupté des graines fume, les villes sont fer et causerie lointaine.

2

Notre désir retirait à la mer sa robe chaude avant de nager sur son cœur.

3

Dans la luzerne de ta voix tournois d'oiseaux chassent soucis de sécheresse.

4

Quand deviendront guides les sables balafrés issus des lents charrois de la terre, le calme approchera de notre espace clos.

5

La quantité de fragments me déchire. Et debout se tient la torture.

6

Le ciel n'est plus aussi jaune, le soleil aussi bleu. L'étoile furtive de la pluie s'annonce. Frère, silex fidèle, ton joug s'est fendu. L'entente a jailli de tes épaules.

7

Beauté, je me porte à ta rencontre dans la solitude du froid. Ta lampe est rose, le vent brille. Le seuil du soir se creuse.

8

J'ai, captif, épousé le ralenti du lierre à l'assaut de la pierre de l'éternité.

9

« Je t'aime », répète le vent à tout ce qu'il fait vivre.

Je t'aime, et tu vis en moi.

BIENS ÉGAUX

Je suis épris de ce morceau tendre de campagne, de son accoudoir de solitude au bord duquel les orages viennent se dénouer avec docilité, au mât duquel un visage perdu, par instant s'éclaire et me regagne. De si loin que je me souvienne, je me distingue penché sur les végétaux du jardin désordonné de mon père, attentif aux sèves, baisant des yeux formes et couleurs que le vent semi-nocturne irriguait mieux que la main infirme des hommes. Prestige d'un retour qu'aucune fortune n'offusque. Tribunaux de midi, je veille. Moi qui jouis du privilège de sentir tout ensemble accablement et confiance, défection et courage, je n'ai retenu personne sinon l'angle fusant d'une rencontre.

Sur une route de lavande et de vin, nous avons marché côte à côte dans un cadre enfantin de poussière à gosier de ronces, l'un se sachant aimé de l'autre. Ce n'est pas un homme à tête de fable que plus tard tu baisais derrière les brumes de ton lit constant. Te voici nue et entre toutes la meilleure seulement aujourd'hui où tu franchis la sortie d'un hymne raboteux. L'espace pour toujours est-il cet absolu et scintillant congé, chétive volte-face? Mais prédisant cela j'affirme que tu vis; le sillon s'éclaire entre ton bien et mon mal. La chaleur reviendra avec le silence comme je te soulèverai, Inanimée.

LA COMPAGNE DU VANNIER

Je t'aimais. J'aimais ton visage de source raviné par l'orage et le chiffre de ton domaine enserrant mon baiser. Certains se confient à une imagination toute ronde. Aller me suffit. J'ai rapporté du désespoir un panier si petit, mon amour, qu'on a pu le tresser en osier.

LE THOR

Dans le sentier aux herbes engourdies où nous nous étonnions, enfants, que la nuit se risquât à passer, les guêpes n'allaient plus aux ronces et les oiseaux aux branches. L'air ouvrait aux hôtes de la matinée sa turbulente immensité. Ce n'étaient que filaments d'ailes, tentation de crier, voltige entre lumière et transparence. Le Thor s'exaltait sur la lyre de ses pierres. Le mont Ventoux, miroir des aigles, était en vue.

Dans le sentier aux herbes engourdies, la chimère d'un âge perdu souriait à nos jeunes larmes.

OCTROI

Au sommet du glacier de l'Assiette,
Voulez-vous me passer votre main,
Le pouvoir d'achever le doute.

A table, le dos chaud des hommes se développe,
Kermesse parcourue d'aloses.

Entre le cylindre et la route,
Rien ne retient les cantonniers
De partager notre horreur
Des chemises véreuses comme des églises.

Voix amies, le plomb des fourchettes
Navre l'ivoire de la langue,
L'index de la lampe est subjugué,
Le petit jour, pieds nus, se sauve.

Jusqu'à ce qu'un feu noir
Consume la remise,
Le pas des chats sera à la colline.

A minuit,
Nous investirons
La fontaine aux œufs pépieurs.

Comme nos genoux
Brillent!

SUR LE VOLET D'UNE FENÊTRE

Visage, chaleur blanche,
Sœur passante, sœur disant,
Suave persévérance,
Visage, chaleur blanche.

TU OUVRES LES YEUX...

Tu ouvres les yeux sur la carrière d'ocre inexploitable,
Tu bois dans un épieu l'eau souterraine,
Tu es pour la feuille hypnotisée dans l'espace,
A l'approche de l'invisible serpent,
O ma diaphane digitale!

DEHORS LA NUIT EST GOUVERNÉE

Peuple de roseaux bruns, lèvres de pauvreté, dentelles haletantes au levant de son sillage gravi entrée en flamme,
Je baise l'emplacement de sa chair fondée.
Derrière la vitre, toutes les fièvres écrasées bourdonnent se raffinent.
Lauréat des yeux transportés,
Jusqu'au torrent pour la lécher au fond de sa faille.
Secoue-toi, infirme vent de portefaix,
Tu pèses nuisible sur le commerce des grades.
Son encolure n'a pas renoncé au feuillage de la lampe.
Les liens cèdent. L'île de son ventre, marche de passion et de couleurs s'en va,
La hampe du coquelicot, révolte et fleur, meurt dans la grâce.
Tout calme est une plainte une fin une joie.

Monstre qui projetez votre humus tiède dans le printemps de sa ville,

Ventouse renversée au flanc de l'agrément du ciel,
Souffrez que nous soyons vos pèlerins extrêmes,
Semeurs ensevelis dans le labyrinthe de votre pied.

CONDUITE

Passe.
La bêche sidérale
autrefois là s'est engouffrée.
Ce soir un village d'oiseaux
très haut exulte et passe.

Écoute aux tempes rocheuses
des présences dispersées
le mot qui fera ton sommeil
chaud comme un arbre de septembre.

Vois bouger l'entrelacement
des certitudes arrivées
près de nous à leur quintessence,
ô ma Fourche, ma Soif anxieuse !

La rigueur de vivre se rode
sans cesse à convoiter l'exil.

Par une fine pluie d'amande,
mêlée de liberté docile,
ta gardienne alchimie s'est produite,
ô Bien-aimée!

VOICI

Voici l'écumeur de mémoire,
Le vapeur des flaques mineures,
Entouré de linges fumants :
Étoile rose et rose blanche.

O caresses savantes, ô lèvres inutiles!

ALLÉGEMENT

« J'errais dans l'or du vent, déclinant le refuge des villages où m'avaient connu des crève-cœur extrêmes. Du torrent épars de la vie arrêtée j'avais extrait la signification loyale d'Irène. La beauté déferlait de sa gaine fantasque, donnait des roses aux fontaines. »

La neige le surprit. Il se pencha sur le visage anéanti, en but à longs traits la superstition. Puis il s'éloigna, porté par la persévérance de cette houle, de cette laine.

SUR LA NAPPE D'UN ÉTANG GLACÉ

Je t'aime,
Hiver aux graines belliqueuses.
Maintenant ton image luit
Là où son cœur s'est penché.

L'AMOUREUSE EN SECRET

Elle a mis le couvert et mené à la perfection ce à quoi son amour assis en face d'elle parlera bas tout à l'heure, en la dévisageant. Cette nourriture semblable à l'anche d'un hautbois.

Sous la table, ses chevilles nues caressent à présent la chaleur du bien-aimé, tandis que des voix qu'elle n'entend pas, la complimentent. Le rayon de la lampe emmêle, tisse sa distraction sensuelle.

Un lit, très loin, sait-elle, patiente et tremble dans l'exil des draps odorants, comme un lac de montagne qui ne sera jamais abandonné.

LES NUITS JUSTES

Avec un vent plus fort,
Une lampe moins obscure,
Nous devons trouver la halte
Où la nuit dira « Passez » ;
Et nous saurons que c'est vrai
Quand le verre s'éteindra.

O terre devenue tendre !
O branche où mûrit ma joie !
La gueule du ciel est blanche.
Ce qui miroite, là, c'est toi,
Ma chute, mon amour, mon saccage.

LA SORGUE

Chanson pour Yvonne.

Rivière trop tôt partie, d'une traite, sans compagnon,
Donne aux enfants de mon pays le visage de ta passion.

Rivière où l'éclair finit et où commence ma maison,
Qui roule aux marches d'oubli la rocaille de ma raison.

Rivière, en toi terre est frisson, soleil anxiété.
Que chaque pauvre dans sa nuit fasse son pain de ta moisson.

Rivière souvent punie, rivière à l'abandon.

Rivière des apprentis à la calleuse condition,
Il n'est vent qui ne fléchisse à la crête de tes sillons.

Rivière de l'âme vide, de la guenille et du soupçon,
Du vieux malheur qui se dévide, de l'ormeau, de la compassion.

Rivière des farfelus, des fiévreux, des équarrisseurs,
Du soleil lâchant sa charrue pour s'acoquiner au menteur.

Rivière des meilleurs que soi, rivière des brouillards éclos,
De la lampe qui désaltère l'angoisse autour de son chapeau.

Rivière des égards au songe, rivière qui rouille le fer,
Où les étoiles ont cette ombre qu'elles refusent à la mer.

Rivière des pouvoirs transmis et du cri embouquant les eaux,
De l'ouragan qui mord la vigne et annonce le vin nouveau.

Rivière au cœur jamais détruit dans ce monde fou
de prison,
Garde-nous violent et ami des abeilles de l'horizon.

CORAIL

A un Othello.

Il s'alarme à l'idée que, le regard appris,
Il ne reste des yeux que l'herbe du mensonge.
Il est si méfiant que son auvent se gâte
A n'attendre que lui seul.

Nul n'empêche jamais la lumière exilée
De trouver son élu dans l'inconnu surpris.
Elle franchit d'un bond l'espace et le jaloux,
Et c'est un astre entier de plus.

L'ÉPI DE CRISTAL ÉGRÈNE DANS LES HERBES SA MOISSON TRANSPARENTE

La ville n'était pas défaite. Dans la chambre devenue légère le donneur de liberté couvrait son amour de cet immense effort du corps, semblable à celui de la création d'un fluide par le jour. L'alchimie du désir rendait essentiel leur génie récent à l'univers de ce matin. Loin derrière eux leur mère ne les trahirait plus, leur mère si immobile. Maintenant ils précédaient le pays de leur avenir qui ne contenait encore que la flèche de leur bouche dont le chant venait de naître. Leur avidité rencontrait immédiatement son objet. Ils douaient d'omniprésence un temps qu'on n'interrogeait pas.

Il lui disait comment jadis dans des forêts persécutées il interpellait les animaux auxquels il apportait leur chance, son serment aux monts internés qui l'avait conduit à la reconnaissance de son exemplaire destin et quel boucher secret il avait dû vaincre pour acquérir à ses yeux la tolérance de son semblable.

Dans la chambre devenue légère et qui peu à peu développait les grands espaces du voyage, le donneur de liberté s'apprêtait à disparaître, à se confondre avec d'autres naissances, une nouvelle fois.

MARTHE

Marthe que ces vieux murs ne peuvent pas s'approprier, fontaine où se mire ma monarchie solitaire, comment pourrais-je jamais vous oublier puisque je n'ai pas à me souvenir de vous : vous êtes le présent qui s'accumule. Nous nous unirons sans avoir à nous aborder, à nous prévoir comme deux pavots font en amour une anémone géante.

Je n'entrerai pas dans votre cœur pour limiter sa mémoire. Je ne retiendrai pas votre bouche pour l'empêcher de s'entrouvrir sur le bleu de l'air et la soif de partir. Je veux être pour vous la liberté et le vent de la vie qui passe le seuil de toujours avant que la nuit ne devienne introuvable.

ALLÉGEANCE

Dans les rues de la ville il y a mon amour. Peu importe où il va dans le temps divisé. Il n'est plus mon amour, chacun peut lui parler. Il ne se souvient plus; qui au juste l'aima?

Il cherche son pareil dans le vœu des regards. L'espace qu'il parcourt est ma fidélité. Il dessine l'espoir et léger l'éconduit. Il est prépondérant sans qu'il y prenne part.

Je vis au fond de lui comme une épave heureuse. A son insu, ma solitude est son trésor. Dans le grand méridien où s'inscrit son essor, ma liberté le creuse.

Dans les rues de la ville il y a mon amour. Peu importe où il va dans le temps divisé. Il n'est plus mon amour, chacun peut lui parler. Il ne se souvient plus; qui au juste l'aima et l'éclaire de loin pour qu'il ne tombe pas?

CRAYON DU PRISONNIER

Un amour dont la bouche est un bouquet de brumes,
Éclôt et disparaît.
Un chasseur va le suivre, un guetteur l'apprendra,
Et ils se haïront tous deux, puis, il se maudiront tous
trois.
Il gèle au-dehors, la feuille passe à travers l'arbre.

FASTES

L'été chantait sur son roc préféré quand tu m'es apparue, l'été chantait à l'écart de nous qui étions silence, sympathie, liberté triste, mer plus encore que la mer dont la longue pelle bleue s'amusait à nos pieds.

L'été chantait et ton cœur nageait loin de lui. Je baisais ton courage, entendais ton désarroi. Route par l'absolu des vagues vers ces hauts pics d'écume où croisent des vertus meurtrières pour les mains qui portent nos maisons. Nous n'étions pas crédules. Nous étions entourés.

Les ans passèrent. Les orages moururent. Le monde s'en alla. J'avais mal de sentir que ton cœur justement ne m'apercevait plus. Je t'aimais. En mon absence de visage et mon vide de bonheur. Je t'aimais, changeant en tout, fidèle à toi.

LES PREMIERS INSTANTS

Nous regardions couler devant nous l'eau grandissante. Elle effaçait d'un coup la montagne, se chassant de ses flancs maternels. Ce n'était pas un torrent qui s'offrait à son destin mais une bête ineffable dont nous devenions la parole et la substance. Elle nous tenait amoureux sur l'arc tout-puissant de son imagination. Quelle intervention eût pu nous contraindre ? La modicité quotidienne avait fui, le sang jeté était rendu à sa chaleur. Adoptés par l'ouvert, poncés jusqu'à l'invisible, nous étions une victoire qui ne prendrait jamais fin.

LE VISAGE NUPTIAL

A présent disparais, mon escorte, debout dans la distance;
La douceur du nombre vient de se détruire.
Congé à vous, mes alliés, mes violents, mes indices.
Tout vous entraîne, tristesse obséquieuse.
J'aime.

L'eau est lourde à un jour de la source.
La parcelle vermeille franchit ses lentes branches à ton front, dimension rassurée.
Et moi semblable à toi,
Avec la paille en fleur au bord du ciel criant ton nom,
J'abats les vestiges,
Atteint, sain de clarté.

Ceinture de vapeur, multitude assouplie, diviseurs de la crainte, touchez ma renaissance.

Parois de ma durée, je renonce à l'assistance de ma largeur vénielle ;
Je boise l'expédient du gîte, j'entrave la primeur des survies.
Embrasé de solitude foraine,
J'évoque la nage sur l'ombre de sa Présence.

Le corps désert, hostile à son mélange, hier était revenu parlant noir.
Déclin, ne te ravise pas, tombe ta massue de transes, aigre sommeil.
Le décolleté diminue les ossements de ton exil, de ton escrime ;
Tu rends fraîche la servitude qui se dévore le dos ;
Risée de la nuit, arrête ce charroi lugubre
De voix vitreuses, de départs lapidés.

Tôt soustrait au flux des lésions inventives
(La pioche de l'aigle lance haut le sang évasé)
Sur un destin présent j'ai mené mes franchises
Vers l'azur multivalve, la granitique dissidence.

O voûte d'effusion sur la couronne de son ventre,
Murmure de dot noire !
O mouvement tari de sa diction !
Nativité, guidez les insoumis, qu'ils découvrent leur base,

L'amande croyable au lendemain neuf.
Le soir a fermé sa plaie de corsaire où voyageaient les fusées vagues parmi la peur soutenue des chiens.
Au passé les micas du deuil sur ton visage.

Vitre inextinguible : mon souffle affleurait déjà l'amitié de ta blessure,
Armait ta royauté inapparente.
Et des lèvres du brouillard descendit notre plaisir au seuil de dune, au toit d'acier.
La conscience augmentait l'appareil frémissant de ta permanence;
La simplicité fidèle s'étendit partout.

Timbre de la devise matinale, morte-saison de l'étoile précoce,
Je cours au terme de mon cintre, colisée fossoyé.
Assez baisé le crin nubile des céréales :
La cardeuse, l'opiniâtre, nos confins la soumettent.
Assez maudit le havre des simulacres nuptiaux :
Je touche le fond d'un retour compact.

Ruisseaux, neume des morts anfractueux,
Vous qui suivez le ciel aride,
Mêlez votre acheminement aux orages de qui sut guérir de la désertion,

Donnant contre vos études salubres.
Au sein du toit le pain suffoque à porter cœur et lueur.
Prends, ma Pensée, la fleur de ma main pénétrable,
Sens s'éveiller l'obscure plantation.

Je ne verrai pas tes flancs, ces essaims de faim, se dessécher, s'emplir de ronces;
Je ne verrai pas l'empuse te succéder dans ta serre;
Je ne verrai pas l'approche des baladins inquiéter le jour renaissant;
Je ne verrai pas la race de notre liberté servilement se suffire.

Chimères, nous sommes montés au plateau.
Le silex frissonnait sous les sarments de l'espace;
La parole, lasse de défoncer, buvait au débarcadère angélique.
Nulle farouche survivance :
L'horizon des routes jusqu'à l'afflux de rosée,
L'intime dénouement de l'irréparable

Voici le sable mort, voici le corps sauvé :
La Femme respire, l'Homme se tient debout.

ÉVADNÉ

L'été et notre vie étions d'un seul tenant
La campagne mangeait la couleur de ta jupe odorante
Avidité et contrainte s'étaient réconciliées
Le château de Maubec s'enfonçait dans l'argile
Bientôt s'effondrerait le roulis de sa lyre
La violence des plantes nous faisait vaciller
Un corbeau rameur sombre déviant de l'escadre
Sur le muet silex de midi écartelé
Accompagnait notre entente aux mouvements tendres
La faucille partout devait se reposer
Notre rareté commençait un règne
(Le vent insomnieux qui nous ride la paupière
En tournant chaque nuit la page consentie
Veut que chaque part de toi que je retienne
Soit étendue à un pays d'âge affamé et de larmier
géant)

C'était au début d'adorables années
La terre nous aimait un peu je me souviens.

LA MINUTIEUSE

L'inondation s'agrandissait. La campagne rase, les talus, les menus arbres désunis s'enfermaient dans des flaques dont quelques-unes en se joignant devenaient lac. Une alouette au ciel trop gris chantait. Des bulles çà et là brisaient la surface des eaux, à moins que ce ne fût quelque minuscule rongeur ou serpent s'échappant à la nage. La route encore restait intacte. Les abords d'un village se montraient. Résolus et heureux nous avancions. Dans notre errance il faisait beau. Je marchais entre Toi et cette Autre qui était Toi. Dans chacune de mes mains je tenais serré votre sein nu. Des villageois sur le pas de leur porte ou occupés à quelque besogne de planche nous saluaient avec faveur. Mes doigts leur cachaient votre merveille. En eussent-ils été choqués ? L'une de vous s'arrêta pour causer et pour sourire. Nous continuâmes. J'avais désormais la nature à ma droite et devant moi la route. Un bœuf au loin, en son milieu nous précédait. La lyre de ses cornes, il me parut, tremblait. Je t'aimais. Mais je reprochais à celle qui était demeurée en chemin, parmi les habitants des maisons, de se montrer trop familière. Certes, elle ne pouvait figurer parmi nous que ton enfance attardée. Je me rendis à l'évidence. Au village la retiendraient l'école et cette façon qu'ont les communautés aguerries de temporiser avec le danger. Même celui d'inondation. Maintenant nous avions atteint l'orée de très vieux arbres et la solitude des souvenirs. Je voulus m'enquérir de ton nom éternel et chéri que mon âme avait oublié : « Je suis la Minutieuse. » La beauté des eaux profondes nous endormit.

LES SEIGNEURS DE MAUSSANE

L'un après l'autre, ils ont voulu nous prédire un avenir heureux,
Avec une éclipse à leur image et toute l'angoisse conforme à nous.
Nous avons dédaigné cette égalité,
Répondu non à leurs mots assidus.
Nous avons suivi l'empierrement que notre cœur s'était tracé,
Jusqu'aux plaines de l'air et l'unique silence.
Nous avons fait saigner notre amour exigeant,
Lutter notre bonheur avec chaque caillou.

Ils disent à présent qu'au-delà de leur vue,
La grêle les effraie plus que la neige des morts!

ANOUKIS
ET PLUS TARD JEANNE

Je te découvrirai à ceux que j'aime, comme un long éclair de chaleur, aussi inexplicablement que tu t'es montrée à moi, Jeanne, quand, un matin s'astreignant à ton dessein, tu nous menas de roc en roc jusqu'à cette fin de soi qu'on appelle un sommet. Le visage à demi masqué par ton bras replié, les doigts de ta main sollicitant ton épaule, tu nous offris, au terme de notre ascension, une ville, les souffrances et la qualification d'un génie, la surface égarée d'un désert, et le tournant circonspect d'un fleuve sur la rive duquel des bâtisseurs s'interrogeaient. Mais je te suis vite revenu, Faucille, car tu consumais ton offrande. Et ni le temps, ni la beauté, ni le hasard qui débride le cœur ne pouvaient se mesurer avec toi.

J'ai ressuscité alors mon antique richesse, notre richesse à tous, et dominant ce que demain détruira, je me suis souvenu que tu étais Anoukis l'Étreigneuse, aussi fantastiquement que tu étais Jeanne, la sœur de mon meilleur ami, et aussi inexplicablement que tu étais l'Étrangère dans l'esprit de ce misérable carillonneur dont le père répétait autrefois que Van Gogh était fou.

Saint-Rémy-des-Alpilles, 18 septembre 1949.

LES LICHENS

Je marchais parmi les bosses d'une terre écurée, les haleines secrètes, les plantes sans mémoire. La montagne se levait, flacon empli d'ombre qu'étreignait par instant le geste de la soif. Ma trace, mon existence se perdaient. Ton visage glissait à reculons devant moi. Ce n'était qu'une tache à la recherche de l'abeille qui la ferait fleur et la dirait vivante. Nous allions nous séparer. Tu demeurerais sur le plateau des arômes et je pénétrerais dans le jardin du vide. Là, sous la sauvegarde des rochers, dans la plénitude du vent, je demanderais à la nuit véritable de disposer de mon sommeil pour accroître ton bonheur. Et tous les fruits t'appartiendraient.

PLEINEMENT

Quand nos os eurent touché terre,
Croulant à travers nos visages,
Mon amour, rien ne fut fini.
Un amour frais vint dans un cri
Nous ranimer et nous reprendre.
Et si la chaleur s'était tue,
La chose qui continuait,
Opposée à la vie mourante,
A l'infini s'élaborait.
Ce que nous avions vu flotter
Bord à bord avec la douleur
Était là comme dans un nid,
Et ses deux yeux nous unissaient
Dans un naissant consentement.
La mort n'avait pas grandi
Malgré des laines ruisselantes,
Et le bonheur pas commencé
A l'écoute de nos présences;
L'herbe était nue et piétinée.

POURQUOI SE RENDRE ?

Oh ! Rencontrée, nos ailes vont côte à côte
Et l'azur leur est fidèle.
Mais qu'est-ce qui brille encore au-dessus de nous ?

Le reflet mourant de notre audace.
Lorsque nous l'aurons parcouru,
Nous n'affligerons plus la terre :
Nous nous regarderons.

VICTOIRE ÉCLAIR

L'oiseau bêche la terre,
Le serpent sème,
La mort améliorée
Applaudit la récolte.

Pluton dans le ciel!

L'explosion en nous.
Là seulement dans moi.
Fol et sourd, comment pourrais-je l'être davantage?

Plus de second soi-même, de visage changeant, plus de saison pour la flamme et de saison pour l'ombre!

Avec la lente neige descendent les lépreux.

Soudain l'amour, l'égal de la terreur,
D'une main jamais vue arrête l'incendie, redresse le soleil, reconstruit l'Amie.

Rien n'annonçait une existence si forte.

SADE

Le pur sang ravi à la roseraie,
Frôleuse mentale en flambeau,
Si juteuse le crin flatté,
L'odorat surmené à proximité d'une colonie de
  délices
Hèle les désirs écartés,
Empire de la rose déshabillée,
Comme gel sous l'eau noire, sommeil fatal, crapaud.

FRONT DE LA ROSE

Malgré la fenêtre ouverte dans la chambre au long congé, l'arôme de la rose reste lié au souffle qui fut là. Nous sommes une fois encore sans expérience antérieure, nouveaux venus, épris. La rose ! Le champ de ses allées éventerait même la hardiesse de la mort. Nulle grille qui s'oppose. Le désir resurgit, mal de nos fronts évaporés.

Celui qui marche sur la terre des pluies n'a rien à redouter de l'épine, dans les lieux finis ou hostiles. Mais s'il s'arrête et se recueille, malheur à lui ! Blessé au vif, il vole en cendres, archer repris par la beauté.

L'UNE ET L'AUTRE

Qu'as-tu à te balancer sans fin, rosier, par longue pluie, avec ta double rose ?
Comme deux guêpes mûres elles restent sans vol.
Je les vois de mon cœur car mes yeux sont fermés.
Mon amour au-dessus des fleurs n'a laissé que vent et nuage.

RECOURS AU RUISSEAU

Sur l'aire du courant, dans les joncs agités, j'ai retracé ta ville. Les maçons au large feutre sont venus ; ils se sont appliqués à suivre mon mouvement. Ils ne concevaient pas ma construction. Leur compétence s'alarmait.

Je leur ai dit que, confiante, tu attendais proche de là que j'eusse atteint la demie de ma journée pour connaître mon travail. A ce moment, notre satisfaction commune l'effacerait, nous le recommencerions plus haut, identiquement, dans la certitude de notre amour. Railleurs, ils se sont écartés. Je voyais, tandis qu'ils remettaient leur veste de toile, le gravier qui brillait dans le ciel du ruisseau et dont je n'avais, moi, nul besoin.

COMPAGNIE DE L'ÉCOLIÈRE

Je sais bien que les chemins marchent
Plus vite que les écoliers,
Attelés à leur cartable,
Roulant dans la glu des fumées
Où l'automne perd le souffle.
Jamais douce à vos sujets,
Est-ce vous que j'ai vue sourire ?
Ma fille, ma fille, je tremble.

N'aviez-vous donc pas méfiance
De ce vagabond étranger,
Quand il enleva sa casquette
Pour vous demander son chemin ?
Vous n'avez pas paru surprise.
Vous vous êtes abordés
Comme coquelicot et blé.
Ma fille, ma fille, je tremble.

La fleur qu'il tient entre les dents,
Il pourrait la laisser tomber,
S'il consent à donner son nom,
A rendre l'épave à ses vagues.
Ensuite quelque aveu maudit
Qui hanterait votre sommeil
Parmi les ajoncs de son sang.
Ma fille, ma fille, je tremble.

Quand ce jeune homme s'éloigna,
Le soir mura votre visage.
Quand ce jeune homme s'éloigna,
Dos voûté, front bas, et mains vides,
Sous les osiers vous étiez grave,
Vous ne l'aviez jamais été.
Vous rendra-t-il votre beauté ?
Ma fille, ma fille, je tremble.

La fleur qu'il gardait à la bouche,
Savez-vous ce qu'elle cachait,
Père ? un mal pur, bordé de mouches,
Je l'ai voilé de ma pitié.
Mais ses yeux tenaient la promesse
Que je me suis faite à moi-même.
Je suis folle, je suis nouvelle,
C'est vous, mon père, qui changez.

ALLÉE DU CONFIDENT

Elle haletait.

Tu marches comme un incendie de forêt,
Puma mon bien-aimé,
Comment te suivre!

Aussitôt les pierres se gonflèrent à éclater,
Les crottins s'enfuirent,
Les buissonnées s'embrasèrent,
A la cime d'un cèdre un phare sauvage s'alluma.
Le ciel en nage assena sa fumée
A l'orge des yeux les plus exténués du monde.

Pieds blessés de trébucher,
Menues mains de se débattre.
Chance.

Par le tuyau dévoué de l'amour
Bien-aimé entendit
Et tout droit se dressa.

Oh! son front sublime de havane fumé.
Oh! sa gorge de forge de fée.

Le ciel fou recula.
La bave du feu se terra.
Une buée d'ossements parut, dansa avec des nains.
Une prunelle d'eucalyptus devint une lune embaumée.

Fillettes hardies,
C'est bien d'être imprudentes.
Mais pour l'amour
De votre puma,
A vos lèvres mouillez la flamme,
Quand en image elle y fleurit.

LA DOUBLE TRESSE

CHAUME DES VOSGES

Beauté, ma toute-droite, par des routes si ladres,
A l'étape des lampes et du courage clos,
Que je me glace et que tu sois ma femme de décembre.
Ma vic future, c'est ton visage quand tu dors.

1939.

SUR LA PAUME DE DABO

Va mon baiser, quitte le frêle gîte,
Ton amour est trouvé, un bouleau te le tend.
La résine d'été et la neige d'hiver
Ont pris garde.

Été 1953.

RAPPORT DE MARÉE

Terre et ciel ont-ils renoncé à leurs féeries saisonnières, à leurs palabres subtiles ? Se sont-ils soumis ? Pas plus celle-ci que celui-là n'ont encore, il semble, de projets pour eux, de bonheur pour nous.

Une branche s'éveille aux paroles dorées de la lampe, une branche dans une eau fade, un rameau sans avenir. Le regard s'en saisit, voyage. Puis, de nouveau, tout languit, patiente, se balance et souffre. L'acanthe simule la mort. Mais, cette fois, nous ne ferons pas route ensemble.

Bien-aimée, derrière ma porte ?

LA PASSE DE LYON

Je viendrai par le pont le plus distant de Bellecour, afin de vous laisser le loisir d'arriver la première. Vous me conduirez à la fenêtre où vos yeux voyagent, d'où vos faveurs plongent quand votre liberté échange sa lumière avec celle des météores, la vôtre demeurant et la leur se perdant. Avec mes songes, avec ma guerre, avec mon baiser, sous le mûrier ressuscité, dans le répit des filatures, je m'efforcerai d'isoler votre conquête d'un savoir antérieur, autre que le mien. Que l'avenir vous entraîne avec des convoiteurs différents, j'y céderai, mais pour le seul chef-d'œuvre!

Flamme à l'excès de son destin, qui tantôt m'amoindrit et tantôt me complète, vous émergez à l'instant près de moi, dauphine, salamandre, et je ne vous suis rien.

INVITATION

J'appelle les amours qui roués et suivis par la faulx de l'été, au soir embaument l'air de leur blanche inaction.

Il n'y a plus de cauchemar, douce insomnie perpétuelle. Il n'y a plus d'aversion. Que la pause d'un bal dont l'entrée est partout dans les nuées du ciel.

Je viens avant la rumeur des fontaines, au final du tailleur de pierre.

Sur ma lyre mille ans pèsent moins qu'un mort.

J'appelle les amants.

LA PASSANTE DE SCEAUX

Mèches, au dire du regard,
Désir simple de parole ;
Ah ! jongle, seigneurie du cou
Avec la souveraine bouche,
Avec le bûcher allumé
Au-dessous du front dominant.

J'aimerais savoir vous mentir
Comme le tison ment aux cendres,
Mèches, qui volez sans m'entendre
Sur le théâtre d'un instant.

LA CHAMBRE DANS L'ESPACE

Tel le chant du ramier quand l'averse est prochaine — l'air se poudre de pluie, de soleil revenant —, je m'éveille lavé, je fonds en m'élevant; je vendange le ciel novice.

Allongé contre toi, je meus ta liberté. Je suis un bloc de terre qui réclame sa fleur.

Est-il gorge menuisée plus radieuse que la tienne? Demander c'est mourir!

L'aile de ton soupir met un duvet aux feuilles. Le trait de mon amour ferme ton fruit, le boit.

Je suis dans la grâce de ton visage que mes ténèbres couvrent de joie.

Comme il est beau ton cri qui me donne ton silence!

NOUS TOMBONS

Ma brièveté est sans chaînes.

Baisers d'appui. Tes parcelles dispersées font soudain un corps sans regard.

O mon avalanche à rebours!

Toute liée.

Tel un souper dans le vent.

Toute liée. Rendue à l'air.

Tel un chemin rougi sur le roc. Un animal fuyant.

La profondeur de l'impatience et la verticale patience confondues.

La danse retournée. Le fouet belliqueux.

Tes limpides yeux agrandis.

Ces légers mots immortels jamais endeuillés.

Lierre à son rang silencieux.

Fronde que la mer approchait. Contre-taille du jour.

Abaisse encore ta pesanteur.

La mort nous bat du revers de sa fourche. Jusqu'à un matin sobre apparu en nous.

A***

Tu es mon amour depuis tant d'années,
Mon vertige devant tant d'attente,
Que rien ne peut vieillir, froidir;
Même ce qui attendait notre mort,
Ou lentement sut nous combattre,
Même ce qui nous est étranger,
Et mes éclipses et mes retours.

Fermée comme un volet de buis
Une extrême chance compacte
Est notre chaîne de montagnes,
Notre comprimante splendeur.

Je dis chance, ô ma martelée;
Chacun de nous peut recevoir
La part de mystère de l'autre
Sans en répandre le secret;
Et la douleur qui vient d'ailleurs

Trouve enfin sa séparation
Dans la chair de notre unité,
Trouve enfin sa route solaire
Au centre de notre nuée
Qu'elle déchire et recommence.

Je dis chance comme je le sens.
Tu as élevé le sommet
Que devra franchir mon attente
Quand demain disparaîtra.

L'AVENIR NON PRÉDIT

Je te regarde vivre dans une fête que ma crainte de venir à fin laisse obscure.

Nos mains se ferment sur une étoile flagellaire. La flûte est à retailler.

A peine si la pointe d'un brutal soleil touche un jour débutant.

Ne sachant plus si tant de sève victorieuse devait chanter ou se taire, j'ai desserré le poing du Temps ct saisi sa moisson.

Est apparu un multiple et stérile arc-en-ciel.

Ève solaire, possible de chair et de poussière, je ne crois pas au dévoilement des autres, mais au tien seul.

Qui gronde, me suive jusqu'à notre portail.

Je sens naître mon souffle nouveau et finir ma douleur.

ÉROS SUSPENDU

La nuit avait couvert la moitié de son parcours. L'amas des cieux allait à cette seconde tenir en entier dans mon regard. Je te vis, la première et la seule, divine femelle dans les sphères bouleversées. Je déchirai ta robe d'infini, te ramenai nue sur mon sol. L'humus mobile de la terre fut partout.

Nous volons, disent tes scrvantes, dans l'espace cruel, — au chant de ma trompette rouge.

4

Lettera amorosa

(Version définitive.)

DÉDICACE

NON È GIA PART'IN VOI CHE
CON FORZ'INVINCIBILE D'AMORE
TUTT'A SE NON MI TRAGGA.

Monteverdi.
Lettera Amorosa.

Temps en sous-œuvre, années d'affliction... Droit naturel! Ils donneront malgré eux une nouvelle fois l'existence à l'Ouvrage de tous les temps admiré.

Je te chéris. Tôt dépourvu serait l'ambitieux qui resterait incroyant en la femme, tel le frelon aux prises avec son habileté de moins en moins spacieuse. Je te chéris cependant que dérive la lourde pinasse de la mort.

« Ce fut, monde béni, tel mois d'Éros altéré, qu'elle illumina le bâti de mon être, la conque de son ventre : je les mêlai à jamais. Et ce fut à telle seconde de mon appréhension qu'elle changea le sentier flou et aberrant de mon destin en un chemin de parélie pour la félicité furtive de la terre des amants. »

Le cœur soudain privé, l'hôte du désert devient presque lisiblement le cœur fortuné, le cœur agrandi, le diadème.

... Je n'ai plus de fièvre ce matin. Ma tête est de nouveau claire et vacante, posée comme un rocher sur un verger à ton image. Le vent qui soufflait du Nord hier, fait tressaillir par endroits le flanc meurtri des arbres.

Je sens que ce pays te doit une émotivité moins défiante et des yeux autres que ceux à travers lesquels il considérait toutes choses auparavant. Tu es partie mais tu demeures dans l'inflexion des circonstances, puisque lui et moi avons mal. Pour te rassurer dans ma pensée, j'ai rompu avec les visiteurs éventuels, avec les besognes et la contradiction. Je me repose comme tu assures que je dois le faire. Je vais souvent à la montagne dormir. C'est alors qu'avec l'aide d'une nature à présent favorable, je m'évade des échardes enfoncées dans ma chair, vieux accidents, âpres tournois.

Pourras-tu accepter contre toi un homme si haletant ?

Lunes et nuit, vous êtes un loup de velours noir, village, sur la veillée de mon amour.

« Scrute tes paupières », me disait ma mère, penchée sur mon avant-sommeil d'écolier. J'apercevais flottant un petit caillou, tantôt paresseux, tantôt strident, un galet pour verdir dans l'herbe. Je pleurais. Je l'eusse voulu dans mon âme, et seulement là.

Chant d'Insomnie :

« Amour hélant, l'Amoureuse viendra,
Gloria de l'été, ô fruits !
La flèche du soleil traversera ses lèvres,
Le trèfle nu sur sa chair bouclera,
Miniature semblable à l'iris, l'orchidée,
Cadeau le plus ancien des prairies au plaisir
Que la cascade instille, que la bouche délivre. »

Je voudrais me glisser dans une forêt où les plantes se refermeraient et s'étreindraient derrière nous, forêt nombre de fois centenaire, mais elle reste à semer. C'est un chagrin d'avoir, dans sa courte vie, passé à côté du feu avec des mains de pêcheur d'éponges. « Deux étincelles, tes aïeules », raille l'alto du temps, sans compassion.

Mon éloge tournoie sur les boucles de ton front, comme un épervier à bec droit.

L'automne ! Le parc compte ses arbres bien distincts. Celui-ci est roux traditionnellement ; cet autre, fermant le chemin, est une bouillie d'épines. Le rouge-gorge est arrivé, le gentil luthier des campagnes. Les gouttes de son chant s'égrènent sur le carreau de la fenêtre. Dans l'herbe de la pelouse grelottent de magiques assassinats d'insectes. Écoute, mais n'entends pas.

Parfois j'imagine qu'il serait bon de se noyer à la surface d'un étang où nulle barque ne s'aventurerait. Ensuite, ressusciter dans le courant d'un vrai torrent où tes couleurs bouillonneraient.

Il faut que craque ce qui enserre cette ville où tu te trouves retenue. Vent, vent, vent autour des troncs et sur les chaumes.

J'ai levé les yeux sur la fenêtre de ta chambre. As-tu tout emporté ? Ce n'est qu'un flocon qui fond sur ma paupière. Laide saison où l'on croit regretter, où l'on projette, alors qu'on s'aveulit.

L'air que je sens toujours prêt à manquer à la plupart des êtres, s'il te traverse, a une profusion et des loisirs étincelants.

Je ris merveilleusement avec toi. Voilà la chance unique.

Absent partout où l'on fête un absent.

Je ne puis être et ne veux vivre que dans l'espace et dans la liberté de mon amour. Nous ne sommes pas ensemble le produit d'une capitulation, ni le motif d'une servitude plus déprimante encore. Aussi menons-nous malicieusement l'un contre l'autre une guérilla sans reproche.

Tu es plaisir, avec chaque vague séparée de ses suivantes. Enfin toutes à la fois chargent. C'est la mer qui se fonde, qui s'invente. Tu es plaisir, corail de spasmes.

Qui n'a pas rêvé, en flânant sur le boulevard des villes, d'un monde qui, au lieu de commencer avec la parole, débuterait avec les intentions?

Nos paroles sont lentes à nous parvenir, comme si elles contenaient, séparées, une sève suffisante pour rester closes tout un hiver; ou mieux, comme si, à chaque extrémité de la silencieuse distance, se mettant en joue, il leur était interdit de s'élancer et de se joindre. Notre voix court de l'un à l'autre; mais chaque avenue, chaque treille, chaque fourré, la tire à lui, la retient, l'interroge. Tout est prétexte à la ralentir.

Souvent je ne parle que pour toi, afin que la terre m'oublie.

Après le vent c'était toujours plus beau, bien que la douleur de la nature continuât.

Je viens de rentrer. J'ai longtemps marché. Tu es la Continuelle. Je fais du feu. Je m'assois dans le fauteuil de panacée. Dans les plis des flammes barbares, ma fatigue escalade à son tour. Métamorphose bienveillante alternant avec la funeste.

Dehors le jour indolore se traîne, que les verges des saules renoncent à fustiger. Plus haut, il y a la mesure de la futaie que l'aboi des chiens et le cri des chasseurs déchirent.

Notre arche à tous, la très parfaite, naufrage à l'instant de son pavois. Dans ses débris et sa poussière, l'homme à tête de nouveau-né réapparaît. Déjà mi-liquide, mi-fleur.

La terre feule, les nuits de pariade. Un complot de branches mortes n'y pourrait tenir.

S'il n'y avait sur terre que nous, mon amour, nous serions sans complices et sans alliés. Avant-coureurs candides ou survivants hébétés.

L'exercice de la vie, quelques combats au dénouement sans solution mais aux motifs valides, m'ont appris à regarder la personne humaine sous l'angle du ciel dont le bleu d'orage lui est le plus favorable.

Toute la bouche et la faim de quelque chose de meilleur que la lumière (de plus échancré et de plus agrippant) se déchaînent.

Celui qui veille au sommet du plaisir est l'égal du soleil comme de la nuit. Celui qui veille n'a pas d'ailes, il ne poursuit pas.

J'entrouvre la porte de notre chambre. Y dorment nos jeux. Placés par ta main même. Blasons durcis, ce matin, comme du miel de cerisier.

Mon exil est enclos dans la grêle. Mon exil monte à sa tour de patience. Pourquoi le ciel se voûte-t-il?

Il est des parcelles de lieux où l'âme rare subitement exulte. Alentour ce n'est qu'espace indifférent. Du sol glacé elle s'élève, déploie tel un chant sa fourrure, pour protéger ce qui la bouleverse, l'ôter de la vue du froid.

Pourquoi le champ de la blessure est-il de tous le plus prospère? Les hommes aux vieux regards, qui ont eu un ordre du ciel transpercé, en reçoivent sans s'étonner la nouvelle.

Affileur de mon mal je souffre d'entendre les fontaines de ta route se partager la pomme des orages.

Une clochette tinte sur la pente des mousses où tu t'assoupissais, mon ange du détour. Le sol de graviers nains était l'envers humide du long ciel, les arbres des danseurs intrépides.

Trêve, sur la barrière, de ton museau repu d'écumes, jument de mauvais songe, ta course est depuis longtemps terminée.

Cet hivernage de la pensée occupée d'un seul être que l'absence s'efforce de placer à mi-longueur du factice et du surnaturel.

Ce n'est pas simple de rester hissé sur la vague du courage quand on suit du regard quelque oiseau volant au déclin du jour.

Je ne confonds pas la solitude avec la lyre du désert. Le nuage cette nuit qui cerne ton oreille n'est pas de neige endormante, mais d'embruns enlevés au printemps.

Il y a deux iris jaunes dans l'eau verte de la Sorgue. Si le courant les emportait, c'est qu'ils seraient décapités.

Ma convoitise comique, mon vœu glacé : saisir ta tête comme un rapace à flanc d'abîme. Je t'avais, maintes fois, tenue sous la pluie des falaises, comme un faucon encapuchonné.

Voici encore les marches du monde concret, la perspective obscure où gesticulent des silhouettes d'hommes dans les rapines et la discorde. Quelques-unes, compensantes, règlent le feu de la moisson, s'accordent avec les nuages.

Merci d'être, sans jamais te casser, iris, ma fleur de gravité. Tu élèves au bord des eaux des affections miraculeuses, tu ne pèses pas sur les mourants que tu veilles, tu éteins des plaies sur lesquelles le temps n'a pas d'action, tu ne conduis pas à une maison consternante, tu permets que toutes les fenêtres reflétées ne fassent qu'un seul visage de passion, tu accompagnes le retour du jour sur les vertes avenues libres.

SUR LE FRANC-BORD

I. IRIS. 1° Nom d'une divinité de la mythologie grecque, qui était la messagère des dieux. Déployant son écharpe, elle produisait l'arc-en-ciel.

2° Nom propre de femme, dont les poètes se servent pour désigner une femme aimée et même quelque dame lorsqu'on veut taire le nom.

3° Petite planète.

II. IRIS. Nom spécifique d'un papillon, le nymphale iris, dit le grand mars changeant. Prévient du visiteur funèbre.

III. IRIS. Les yeux bleus, les yeux noirs, les yeux verts, sont ceux dont l'iris est bleu, est noir, est vert.

IV. IRIS. Plante. Iris jaune des rivières.

... Iris plural, iris d'Éros, iris de *Lettera amorosa.*

5

L'amitié se succède

POUR QU'UNE FORÊT...

Pour qu'une forêt soit superbe
Il lui faut l'âge et l'infini.
Ne mourez pas trop vite, amis
Du casse-croûte sous la grêle.
Sapins qui couchez dans nos lits,
Éternisez nos pas sur l'herbe.

SUR LE LIVRE D'UNE AUBERGE

Notre arrivée avant le givre
Et les feux chantants de l'hiver,
A l'auberge où il fait bon vivre,
Augure le départ amer.

Il faut courir à la forêt
Se mesurer avec le vent,
Dire aux pluies, à leur volonté,
Assez de ce jeu ruisselant!

Être épris du très seul adieu,
Celui que rompt la main brutale,
Qui engrange sans fin les lieues.
Celui qui luit sur les joues sales.

Oiseau jamais intercepté,
Ton étoile m'est douce au cœur.

Ma route tire sur sa raie.
L'air s'en détourne, et l'homme y meurt.

Lorsque la guerre se taira,
Blessure devenue berceau,
A Petersbach on reviendra
Révéler les désirs nouveaux.

DONNERBACH MUHLE

Hiver 1939.

Novembre de brumes, entends sous le bois la cloche du dernier sentier franchir le soir et disparaître,

le vœu lointain du vent séparer le retour dans les fers de l'absence qui passe.

Saison d'animaux pacifiques, de filles sans méchanceté, vous détenez des pouvoirs que mon pouvoir contredit; vous avez les yeux de mon nom, ce nom qu'on me demande d'oublier.

Glas d'un monde trop aimé, j'entends les monstres qui piétinent sur une terre sans sourire. Ma sœur vermeille est en sueur. Ma sœur furieuse appelle aux armes.

La lune du lac prend pied sur la plage où le doux feu végétal de l'été descend à la vague qui l'entraîne vers un lit de profondes cendres.

Tracée par le canon,
— vivre, limite immense —
la maison dans la forêt s'est allumée :
Tonnerre, ruisseau, moulin.

LE REQUIN ET LA MOUETTE

Je vois enfin la mer dans sa triple harmonie, la mer qui tranche de son croissant la dynastie des douleurs absurdes, la grande volière sauvage, la mer crédule comme un liseron.

Quand je dis : *j'ai levé la loi, j'ai franchi la morale, j'ai maillé le cœur*, ce n'est pas pour me donner raison devant ce pèse-néant dont la rumeur étend sa palme au-delà de ma persuasion. Mais rien de ce qui m'a vu vivre et agir jusqu'ici n'est témoin alentour. Mon épaule peut bien sommeiller, ma jeunesse accourir. C'est de cela seul qu'il faut tirer richesse immédiate et opérante. Ainsi, il y a un jour de pur dans l'année, un jour qui creuse sa galerie merveilleuse dans l'écume de la mer, un jour qui monte aux yeux pour couronner midi. Hier la noblesse était déserte, le rameau était distant de ses bourgeons. Le requin et la mouette ne communiquaient pas.

O Vous, arc-en-ciel de ce rivage polisseur, approchez le navire de son espérance. Faites que toute fin supposée soit une neuve innocence, un fiévreux en avant pour ceux qui trébuchent dans la matinale lourdeur.

CET AMOUR A TOUS RETIRÉ

Sur la terre de la veille
La foudre était pure au ruisseau,
La vigne sustentait l'abeille,
L'épaule levait le fardeau.

Les routes flânaient, leur poussière
Avec les oiseaux s'envolait,
Les pierres s'ajoutaient aux pierres,
Des mains utiles les aimaient.

Du moins à chaque heure souffrante
Un écho devait répéter
Pour la solitude ignorante
Un grêle devoir d'amitié.

La violence était magique,
L'homme quelquefois mourait,

Mais à l'instant de l'agonie,
Un trait d'ambre scellait ses yeux.

Les regrets, les basses portes
Ne sont que des inductions
Pour incliner nos illusions
Et rafraîchir nos peaux mortes.

Ah! crions au vent qui nous porte
Que c'est nous qui le soulevons.
Sur la terre de tant d'efforts,
L'avantage au vaillant mensonge
Est la franche consolation!

FIÈVRE
DE LA PETITE-PIERRE D'ALSACE

Nous avancions sur l'étendue embrasée des forêts, comme l'étrave face aux lames, onde remontée des nuits, maintenant livrée à la solidarité de l'éclatement et de la destruction. Derrière cette cloison sauvage, au-delà de ce plafond, retraite d'un stentor réduit au silence et à la ferveur, se trouvait-il un ciel ?

Nous le vîmes à l'instant que le village nous apparut, bâtisse d'aurore et de soir nonchalant, nef à l'ancre dans l'attente de notre montée.

Bonds obstinés, marche prospère, nous sommes à la fois les passants et la grand-voile de la mer journalière aux prises avec des lignes, à l'infini, de barques. Tu nous l'apprends, sous-bois. Sitôt le feu mortel traversé.

LE PAS OUVERT DE RENÉ CREVEL

Mais si les mots sont des bêches?

Alors la mort, en dessous, n'aura capté que ton écho.
Ta parole bouclée se confond toujours avec la vapeur exhalée par nos bouches
Quand l'hiver sème son givre sur nos manteaux.
L'esprit ne veut pas durcir comme pierre
Et lutte avec le limon qui l'entraîne à s'y essayer.
Mais le sommeil, le sommeil, est une bêche parcimonieuse.
O, qui veut partir, disparaisse dans la nuit que la douleur ne malmène plus!

LE VIPEREAU

Il glisse contre la mousse du caillou comme le jour cligne à travers le volet. Une goutte d'eau pourrait le coiffer, deux brindilles le revêtir. Ame en peine d'un bout de terre et d'un carré de buis, il en est, en même temps, la dent maudite et déclive. Son vis-à-vis, son adversaire, c'est le petit matin qui, après avoir tâté la courtepointe et avoir souri à la main du dormeur, lâche sa fourche et file au plafond de la chambre. Le soleil, second venu, l'embellit d'une lèvre friande.

Le vipereau restera froid jusqu'à la mort nombreuse, car, n'étant d'aucune paroisse, il est meurtrier devant toutes.

LE DEUIL DES NÉVONS

Pour un violon, une flûte et un écho.

Un pas de jeune fille
A caressé l'allée,
A traversé la grille.

Dans le parc des Névons
Les sauterelles dorment.
Gelée blanche et grêlons
Introduisent l'automne.

C'est le vent qui décide
Si les feuilles seront
A terre avant les nids.

*

Vite! Le souvenir néglige
Qui lui posa ce front,

Ce large coup d'œil, cette verse,
Balancement de méduse
Au-dessus du temps profond.

Il est l'égal des verveines,
Chaque été coupées ras,
Le temps où la terre sème.

*

La fenêtre et le parc,
Le platane et le toit
Lançaient charges d'abeilles,
Du pollen au rayon,
De l'essaim à la fleur.

Un libre oiseau voilier,
Planant pour se nourrir,
Proférait des paroles
Comme un hardi marin.

Quand le lit se fermait
Sur tout mon corps fourbu,
De beaux yeux s'en allaient
De l'ouvrage vers moi.

L'aiguille scintillait;
Et je sentais le fil
Dans le trésor des doigts
Qui brodaient la batiste.

Ah! lointain est cet âge.

Que d'années à grandir,
Sans père pour mon bras!

Tous ses dons répandus,
La rivière chérie
Subvenait aux besoins.
Peupliers et guitares
Ressuscitaient au soir
Pour fêter ce prodige
Où le ciel n'avait part.

Un faucheur de prairie
S'élevant, se voûtant,
Piquait les hirondelles,
Sans fin silencieux.

Sa quille retenue
Au limon de l'îlot,
Une barque était morte.

L’heure entre classe et nuit,
La ronce les serrant,
Des garnements confus
Couraient, cruels et sourds.
La brume les sautait,
De glace et maternelle.
Sur le bambou des jungles
Ils s’étaient modelés,
Chers roseaux voltigeants!

*

Le jardinier invalide sourit
Au souvenir dc ses outils perdus.
Au bois mort qui se multiplie.

*

Le bien qu’on se partage,
Volonté d’un défunt,
A broyé et détruit
La pelouse et lcs arbres,
La paresse endormie,
L’espace ténébreux
De mon parc des Névons.

Puisqu’il faut renoncer
A ce qu’on ne peut retenir,

Qui devient autre chose
Contre ou avec le cœur, —
L'oublier rondement,

Puis battre les buissons
Pour chercher sans trouver
Ce qui doit nous guérir
De nos maux inconnus
Que nous portons partout.

L'ÉTERNITÉ A LOURMARIN

Albert Camus.

Il n'y a plus de ligne droite ni de route éclairée avec un être qui nous a quittés. Où s'étourdit notre affection ? Cerne après cerne, s'il approche c'est pour aussitôt s'enfouir. Son visage parfois vient s'appliquer contre le nôtre, ne produisant qu'un éclair glacé. Le jour qui allongeait le bonheur entre lui et nous n'est nulle part. Toutes les parties — presque excessives — d'une présence se sont d'un coup disloquées. Routine de notre vigilance... Pourtant cet être supprimé se tient dans quelque chose de rigide, de désert, d'essentiel en nous, où nos millénaires ensemble font juste l'épaisseur d'une paupière tirée.

Avec celui que nous aimons, nous avons cessé de parler, et ce n'est pas le silence. Qu'en est-il alors ? Nous savons, ou croyons savoir. Mais seulement quand le passé qui signifie s'ouvre pour lui livrer passage. Le voici à notre hauteur, puis loin, devant.

A l'heure de nouveau contenue où nous questionnons tout le poids d'énigme, soudain commence la douleur, celle de compagnon à compagnon, que l'archer, cette fois, ne transperce pas.

SEUIL

Quand s'ébranla le barrage de l'homme, aspiré par la faille géante de l'abandon du divin, des mots dans le lointain, des mots qui ne voulaient pas se perdre, tentèrent de résister à l'exorbitante poussée. Là se décida la dynastie de leur sens.

J'ai couru jusqu'à l'issue de cette nuit diluvienne. Planté dans le flageolant petit jour, ma ceinture pleine de saisons, je vous attends, ô mes amis qui allez venir. Déjà je vous devine derrière la noirceur de l'horizon. Mon âtre ne tarit pas de vœux pour vos maisons. Et mon bâton de cyprès rit de tout son cœur pour vous.

LA FAUVETTE DES ROSEAUX

L'arbre le plus exposé à l'œil du fusil n'est pas un arbre pour son aile. La remuante est prévenue : elle se fera muette en le traversant. La perche de saule happée est à l'instant cédée par l'ongle de la fugitive. Mais dans la touffe de roseaux où elle amerrit, quelles cavatines! C'est ici qu'elle chante. Le monde entier le sait.

Été, rivière, espaces, amants dissimulés, toute une lune d'eau, la fauvette répète : « Libre, libre, libre, libre... »

LIED DU FIGUIER

Tant il gela que les branches laiteuses
Molestèrent la scie, se cassèrent aux mains.
Le printemps ne vit pas verdir les gracieuses.

Le figuier demanda au maître du gisant
L'arbuste d'une foi nouvelle.
Mais le loriot, son prophète,
L'aube chaude de son retour,
En se posant sur le désastre,
Au lieu de faim, périt d'amour.

LA PATIENCE

LE MOULIN

Un bruit long qui sort par le toit;
Des hirondelles toujours blanches;
Le grain qui saute, l'eau qui broie,
Et l'enclos où l'amour se risque,
Étincelle et marque le pas.

VAGABONDS

Vagabonds, sous vos doux haillons,
Deux étoiles rébarbatives
Croisent leurs jambes narratives,
Trinquent à la santé des prisons.

LE NOMBRE

Ils disent des mots qui leur restent au coin des yeux;
Ils suivent une route où les maisons leur sont fermées;

Ils allument parfois une lampe dont la clarté les met
en pleurs;
Ils ne se sont jamais comptés, ils sont trop!
Ils sont l'équivalent des livres dont la clé fut perdue.

AUXILIAIRES

Ceux qu'il faut attacher sur terre
Pour satisfaire la beauté,
Familiers autant qu'inconnus,
A l'image de la tempête,
Qu'attendent-ils les uns des autres?
Un nuage soudain les chasse.
Il suffit qu'ils aient existé
Au mêmc instant qu'une mouette.

COMPLAINTE
DU LÉZARD AMOUREUX

N'égraine pas le tournesol,
Tes cyprès auraient de la peine,
Chardonneret, reprends ton vol
Et reviens à ton nid de laine.

Tu n'es pas un caillou du ciel
Pour que le vent te tienne quitte,
Oiseau rural; l'arc-en-ciel
S'unifie dans la marguerite.

L'homme fusille, cache-toi;
Le tournesol est son complice.
Seules les herbes sont pour toi,
Les herbes des champs qui se plissent.

Le serpent ne te connaît pas,
Et la sauterelle est bougonne;

La taupe, elle, n'y voit pas;
La papillon ne hait personne.

Il est midi, chardonneret.
Le seneçon est là qui brille.
Attarde-toi, va, sans danger :
L'homme est rentré dans sa famille!

L'écho de ce pays est sûr.
J'observe, je suis bon prophète;
Je vois tout de mon petit mur,
Même tituber la chouette.

Qui, mieux qu'un lézard amoureux,
Peut dire les secrets terrestres?
O léger gentil roi des cieux,
Que n'as-tu ton nid dans ma pierre!

Orgon, août 1947.

QUATRE FASCINANTS

I

LE TAUREAU

Il ne fait jamais nuit quand tu meurs,
Cerné de ténèbres qui crient,
Soleil aux deux pointes semblables.

Fauve d'amour, vérité dans l'épée,
Couple qui se poignarde unique parmi tous.

II

LA TRUITE

Rives qui croulez en parure
Afin d'emplir tout le miroir,

Gravier où balbutie la barque
Que le courant presse et retrousse,
Herbe, herbe toujours étirée,
Herbe, herbe jamais en répit,
Que devient votre créature
Dans les orages transparents
Où son cœur la précipita ?

III

LE SERPENT

Prince des contresens, exerce mon amour
A tourner son Seigneur que je hais de n'avoir
Que trouble répression ou fastueux espoir.

Revanche à tes couleurs, débonnaire serpent,
Sous le couvert du bois et en toute maison.
Par le lien qui unit la lumière à la peur,
Tu fais semblant de fuir, ô serpent marginal!

IV

L'ALOUETTE

Extrême braise du ciel et première ardeur du jour,
Elle reste sertie dans l'aurore et chante la terre agitée,
Carillon maître de son haleine et libre de sa route.

Fascinante, on la tue en l'émerveillant.

A UNE ENFANT

Hélène,
Au lent berceau, au doux cheval,
Bonjour! Mon auberge est la tienne.

Comme ta chaleur est adroite
Qui sait, en biais, m'atteindre au cœur,
Enfant chérie des ruisseaux, des rêveurs,
Hélène! Hélène!

Mais que te veulent les saisons
Qui t'aiment de quatre manières?
Que ta beauté, cette lumière
Entre et passe en chaque maison?
Ou, que la lune à jamais grande
Te tienne et t'entoure la main
Jusqu'à l'amour que tu demandes?

FÊTE DES ARBRES
ET DU CHASSEUR

ABRÉGÉ

Les deux joueurs de guitare sont assis sur des chaises de fer dans un décor de plein air méditerranéen. Un moment ils préludent et vérifient leur instrument. Arrive le chasseur. Il est vêtu de toile. Il porte un fusil et une gibecière. Il dit avec lenteur, la voix triste, les premiers vers du poème, accompagné très doucement par les guitares, puis va chasser. Chaque guitariste, à tour de rôle, module la part du poème qui lui revient, en observant un silence après chaque quatrain, silence ventilé par les guitares. Un coup de feu est entendu. Le chasseur réapparaît, et comme précédemment, s'avance vers le public. Il dit l'avant-final du poème, harcelé par les guitares dont les joueurs se sont dressés et l'encadrent. Enfin les deux guitaristes chantent haut ensemble le final, le chasseur muet, tête basse, entre eux. Dans le lointain, des arbres brûlent.

Les deux guitares exaltent dans la personne du chasseur mélancolique (il tue les oiseaux « pour que l'arbre lui reste » cependant que sa cartouche met du même coup le feu à la forêt) l'exécutant d'une contradiction conforme à l'exigence de la création.

LE CHASSEUR

Sédentaires aux ailes stridentes
Ou voyageurs du ciel profond,
Oiseaux, nous vous tuons
Pour que l'arbre nous reste et sa morne patience.

Départ du chasseur. Les guitares,
tour à tour, vont évoquer son univers.

PREMIÈRE GUITARE

Est-ce l'abord des libertés,
L'espérance d'une plaie vive,
Qu'à votre cime vous portez,
Peuplier à taille d'ogive?

DEUXIÈME GUITARE

L'enfant que vous déshabillez,
Églantier, malin des carrières,
Voit la langue de vos baisers
En transparence dans sa chair.

PREMIÈRE GUITARE

Le chien que le grelot harcèle
Gémit, aboie et lâche pied.
La magie sèche l'ensorcelle
Qui joue de son habileté.

DEUXIÈME GUITARE

Tourterelle, ma tristesse
A mon insu définie,
Ton chant est mon chant de minuit,
Ton aile bat ma forteresse.

PREMIÈRE GUITARE

Les appelants dans la froidure
Exhortent le feu du fusil
A jaillir de sa cage, lui,
Pour maintenir leur imposture.

DEUXIÈME GUITARE

Le chêne et le gui se murmurent
Les projets de leurs ennemis,

Le bûcheron aux hanches dures,
La faucille de l'enfant chétif.

PREMIÈRE GUITARE

La panacée de l'incendie,
Mantes, sur vos tiges cassantes,
Porte l'éclair dans votre nuit,
En vue de vos amours violentes.

DEUXIÈME GUITARE

Dors dans le creux de ma main,
Olivier, en terre nouvelle;
C'est sûr, la journée sera belle
Malgré l'entame du matin.

Coup de fusil dans la forêt et son écho jusqu'aux guitares.

PREMIÈRE GUITARE

L'alouette à peine éclairée
Scintille et crée le souhait qu'elle chante;
Et la terre des affamés
Rampe vers cette vivante.

DEUXIÈME GUITARE

On marche, on brise son chemin,
On taille avec un couteau aigre
Un bâton pour réduire enfin
La grande fatigue des pères.

PREMIÈRE GUITARE

Cyprès que le chasseur blesse
Dans l'hallucination du soir clair,
Entre la lumière et la mer
Tombent vos chaudes silhouettes.

DEUXIÈME GUITARE

Si l'on perd de vue ses querelles,
On échange aussi sa maison
Contre un rocher dont l'horizon
S'égoutte sous une fougère.

PREMIÈRE GUITARE

Chère ombre que nous vénérons
Dans les calendes d'errants,

Rangez les herbes que défont
La nuque et les doigts des amants.

DEUXIÈME GUITARE

Le cœur s'éprend d'un ruisseau clair,
Y jette sa cartouche amère.
Il feint d'ignorer que la mer
Lui recédera le mystère.

PREMIÈRE GUITARE

Douleur et temps flânent ensemble.
Quelle volonté les assemble?
Prenez, hirondelles atones,
Confidence de leur personne.

DEUXIÈME GUITARE

Aimez, lorsque volent les pierres
Sous la foulée de votre pas,
Chasseur, le carré de lumière
Qui marque leur place ici-bas.

Retour du chasseur.

LE CHASSEUR

Il faut nous voir marcher dans cet ennui de vous,
Forêt qui subsistez dans l'émotion de tous,
A distance des portes, à peine reconnue.
Devant l'étincelle du vide,
Vous n'êtes jamais seule, ô grande disparue!

Lueur de la forêt incendiée.

LES GUITARES

Merci, et la Mort s'étonne;
Merci, la Mort n'insiste pas;
Merci, c'est le jour qui s'en va;
Merci simplement à un homme
S'il tient en échec le glas.

LES TRANSPARENTS

Les Transparents *ou vagabonds luni-solaires ont de nos jours à peu près complètement disparu des bourgs et des forêts où on avait coutume de les apercevoir. Affables et déliés, ils dialoguaient en vers avec l'habitant, le temps de déposer leur besace et de la reprendre. L'habitant, l'imagination émue, leur accordait le pain, le vin, le sel et l'oignon cru; s'il pleuvait, la paille.*

I. *Toquebiol*

L'HABITANT

— Travaille, une villa naîtra
Où chaque logis sera ton logis.

TOQUEBIOL

— Innocence, ton vœu finit
Sur la faucille de mon pas.

II. *Laurent de Venasque*

Laurent se plaint. Sa maîtresse n'est pas venue au rendez-vous. Dépité, il s'en va.

A trop attendre,
On perd sa foi.

Celui qui part
N'est point menteur.

Ah ! le voyage,
Petite source.

III. *Pierre Prieuré*

PIERRE

— Prononce un vœu, nuit où je vois ?

LA NUIT

— Que le rossignol se taise,
Et l'impossible amour qu'il veut calme en son cœur.

IV. *Églin Ambrozane*

LA GALANTE

— Commencez à vous réjouir,
Étranger, je vais vous ouvrir.

ÉGLIN

— Je suis le loup chagrin,
Beauté, pour vous servir.

V. *Diane Cancel*

LE CASANIER

— Les tuiles de bonne cuisson,
Des murs moulés comme des arches,

Les fenêtres en proportion,
Le lit en merisier de Sparte,
Un miroir de flibusterie
Pour la Rose de mon souci.

DIANE

— Mais la clé, qui tourne deux fois
Dans ta porte de patriarche,
Souffle l'ardeur, éteint la voix.
Sur le talus, l'amour quitté, le vent m'endort.

VI. *René Mazon*

Le rocher parle par la bouche de René.

Je suis la première pierre de la volonté de Dieu, le rocher;
L'indigent de son jeu et le moins belliqueux.

Figuier, pénètre-moi :
Mon apparence est un défi, ma profondeur une amitié.

VII. *Jacques Aiguillée*

Jacques se peint.

Quand tout le monde prie,
Nous sommes incrédules.
Quand personne n'a foi,
Nous devenons croyants.
Tel l'œil du chat, nous varions.

VIII. *Odin le Roc*

Ce qui vous fascine par endroit dans mon vers, c'est l'avenir, glissante obscurité d'avant l'aurore, tandis que la nuit est au passé déjà.

Les mille métiers se ressemblent;
Tous les ruisseaux coulent ensemble,
Bande d'incorrigibles chiens,
Malgré vos oreilles qui tremblent
Sur le tourment de votre chaîne.

Le juron de votre seigneur
Est une occasion de poussière,

Bêtes, qui durcissez le pain
Dans la maigreur de l'herbe.

*

Que les gouttes de pluie soient en toute saison
Les beaux éclairs de l'horizon;
La terre nous la parcourons.
Matin, nous lui baisons le front.

Chaque femme se détournant,
Notre chance c'est d'obtenir
Que la foudre en tombant devienne
L'incendie de notre plaisir.

Tourterelle, oiseau de noblesse,
L'orage oublie qui le traverse.

IX. *Joseph Puissantseigneur*

JOSEPH

Route, es-tu là?

MOI

Les prodigues s'en vont ensemble.

X. *Gustave Chamier*

Écoutez passer, regardez partir
De votre fierté si longue à fléchir,
La paille du grain qui ne peut pourrir.
Faible est le grenier que le pain méprise.

XI. *Étienne Fage*

J'éveille mon amour
Pour qu'il me dise l'aube,
La défaite de tous.

XII. *Aimeri Favier*

AIMERI

— Vous enterrez le vent,
Ami, en m'enterrant.

LE FOSSOYEUR

— Qu'importe où va le vent!

Mais sa bêche resta dedans.

XIII. *Louis le Bel*

LOUIS

— Brûleurs de ronces, enragés jardiniers,
Vous êtes mes pareils, mais que vous m'écœurez!

LES TACHERONS

— Batteur de taches de soleil,
Nous sommes surmenés, nous sommes satisfaits.
Que répondre à cela,
Vieil enfant?

LOUIS

— Le cœur aidant l'effort,
Marcher jusqu'à la mort

Qui clôt la liberté
Qui laissait l'illusion.

XIV. *Jean Jaume*

JEAN

L'olivier, à moi, m'est jumeau,
O bleu de l'air, ô bleu corbeau!
Quelques collines se le dirent,
Et les senteurs se confondirent.

XV. *Comte de Sault*

Son épitaphe :

Aux lourdes roses assombries,
Désir de la main des aveugles,
Préfère, passant, l'églantier
Dont je suis la pointe amoureuse
Qui survit à ton effusion.

XVI. *Claude Palun*

LE PAYSAN

— Nul ne croit qu'il meurt pour de bon,
S'il regarde la gerbe au soir de la moisson
Et la verse du grain dans sa main lui sourire.

CLAUDE

— Diligent, nous te dépassons,
Notre éternité est de givre.

XVII. *Albert Ensênada*

Le monde où les Transparents *vivaient et qu'ils aimaient, prend fin. Albert le sait.*

Les fusils chargés nous remplacent
Et se tait l'aboiement des chiens.
Apparaissez formes de glace,
Nous, *Transparents*, irons plus loin.

6

Les frères de mémoire

JE ME VOULAIS ÉVÉNEMENT

Je me voulais *événement.* Je m'imaginais *partition.* J'étais gauche. La tête de mort qui, contre mon gré, remplaçait la pomme que je portais fréquemment à la bouche, n'était aperçue que de moi. Je me mettais à l'écart pour mordre correctement la chose. Comme on ne déambule pas, comme on ne peut prétendre à l'amour avec un tel fruit aux dents, je me décidais, quand j'avais faim, à lui donner le nom de pomme. Je ne fus plus inquiété. Ce n'est que plus tard que l'objet de mon embarras m'apparut sous les traits ruisselants et tout aussi ambigus de *poème.*

POÈTES

La tristesse des illettrés dans les ténèbres des bouteilles.
L'inquiétude imperceptible des charrons.
Les pièces de monnaie dans la vase profonde.

Dans les nacelles de l'enclume
Vit le poète solitaire,
Grande brouette des marécages.

UNE ITALIENNE DE COROT

Sur le ruisseau à la crue grise
Une portière garance s'est soulevée :
Ma chair reste au bord du sillon.

A moissonner des tiges on se plie, on raisonne l'ignoré.
La percale me boit et le drap me prolonge.
Contre les lèvres du vallon, je languis.

Lorsqu'ils s'entourent de distances qui découragent,
Je tends la vigueur de mes bras à l'écume des moribonds;
J'applique ma loi blanche à leur front;
Je suis à qui m'assaille, je cède au poids furieux;
L'air de mes longues veines est inépuisable.

Je m'écarte de l'odeur des bergers.
De mon toit, je distingue la rue, ses pavés qui ricanent.

Une haie d'érables se rabat chez un peintre qui
l'ébranche sur la paix de sa toile.
C'est un familier des fermes pauvres,
Affable et chagrin comme un scarabée.

COURBET : LES CASSEURS DE CAILLOUX

Sable, paille, ont la vie douce, le vin ne s'y brise pas.
Du colombier ils récoltent les plumes,
De la goulotte ils ont la langue avide.
Ils retardent l'orteil des filles
Dont ils percent les chrysalides :
Le sang bien souffert tombe dans l'anecdote de leur légèreté.

Nous dévorons la peste du feu gris dans la rocaille.
Quand on intrigue à la commune,
C'est encore sur les chemins ruinés qu'on est le mieux.
Là, les tomates des vergers, l'air nous les porte au crépuscule,
Avec l'oubli de la méchanceté prochaine de nos femmes,
Et l'aigreur de la soif tassée aux genoux.

Fils, cette nuit, nos travaux de poussière
Seront visibles dans le ciel :
Déjà l'huile du plomb ressuscite.

LASCAUX

I

HOMME-OISEAU MORT
ET BISON MOURANT

Long corps qui eut l'enthousiasme exigeant,
A présent perpendiculaire à la Brute blessée.

O tué sans entrailles!
Tué par celle qui fut tout et, réconciliée, se meurt;
Lui, danseur d'abîme, esprit, toujours à naître,
Oiseau et fruit pervers des magies cruellement sauvé.

II

LES CERFS NOIRS

Les eaux parlaient à l'oreille du ciel.
Cerfs, vous avez franchi l'espace millénaire,
Des ténèbres du roc aux caresses de l'air.

Le chasseur qui vous pousse, le génie qui vous voit,
Que j'aime leur passion, de mon large rivage !
Et si j'avais leurs yeux, dans l'instant où j'espère ?

III

LA BÊTE INNOMMABLE

La Bête innommable ferme la marche du gracieux troupeau, comme un cyclope bouffe.
Huit quolibets font sa parure, divisent sa folie.
La Bête rote dévotement dans l'air rustique.
Ses flancs bourrés et tombants sont douloureux, vont se vider de leur grossesse.
De son sabot à ses vaines défenses, elle est enveloppée de fétidité.

Ainsi m'apparaît dans la frise de Lascaux, mère fantastiquement déguisée,
La Sagesse aux yeux pleins de larmes.

IV

JEUNE CHEVAL A LA CRINIÈRE VAPOREUSE

Que tu es beau, printemps, cheval,
Criblant le ciel de ta crinière,

Couvrant d'écume les roseaux !
Tout l'amour tient dans ton poitrail :
De la Dame blanche d'Afrique
A la Madeleine au miroir,
L'idole qui combat, la grâce qui médite.

POURQUOI LA JOURNÉE VOLE

Le poète s'appuie, durant le temps de sa vie, à quelque arbre, ou mer, ou talus, ou nuage d'une certaine teinte, un moment, si la circonstance le veut. Il n'est pas soudé à l'égarement d'autrui. Son amour, son saisir, son bonheur ont leur équivalent dans tous les lieux où il n'est pas allé, où jamais il n'ira, chez les étrangers qu'il ne connaîtra pas. Lorsqu'on élève la voix devant lui, qu'on le presse d'accepter des égards qui retiennent, si l'on invoque à son propos les astres, il répond qu'il est du pays d'*à côté*, du ciel qui vient d'être englouti.

Le poète vivifie puis court au dénouement.

Au soir, malgré sur sa joue plusieurs fossettes d'apprenti, c'est un passant courtois qui brusque les adieux pour être là quand le pain sort du four.

AUX MIENS

Je touche à l'étendue et je peux l'enflammer. Je retiens ma largeur, je sais la déployer. Mais que vaut le désir sans votre essaim jaloux? Terne est le bouton d'or sans le ton des prairies.

Lorsque vous surgirez, ma main vous requerra, ma main, le petit monstre resté vif. Mais, à la réserve de vous, quelle beauté?... quelle beauté?

L'OISEAU SPIRITUEL

Ne m'implorez pas, grands yeux; restez à couvert, désirs.
Je disparais au ciel, étangs privés de seuil.
Je glisse en liberté au travers des blés mûrs.
Nulle haleine ne teint le miroir de mon vol.
Je cours le malheur des humains, le dépulpe de son loisir.

DÉBRIS MORTELS ET MOZART

Au petit jour, une seule fois, le vieux nuage rose dépeuplé survolera les yeux désormais distants, dans la majesté de sa lenteur libre; puis ce sera le froid, l'immense occupant, puis le Temps qui n'a pas d'endroit.

Sur la longueur de ses deux lèvres, en terre commune, soudain l'allégro, défi de ce rebut sacré, perce et reflue vers les vivants, vers la totalité des hommes et des femmes en deuil de patrie intérieure qui, errant pour n'être pas semblables, vont à travers Mozart s'éprouver en secret.

— Bien-aimée, lorsque tu rêves à haute voix, et d'aventure prononces mon nom, tendre vainqueur de nos frayeurs conjuguées, de mon décri solitaire, la nuit est claire à traverser.

CÉLÉBRER GIACOMETTI

En cette fin d'après-midi d'avril 1964, le vieil aigle despote, le maréchal-ferrant agenouillé, sous le nuage de feu de ses invectives (son travail, c'est-à-dire lui-même, il ne cessa de le fouetter d'offenses), me découvrit, à même le dallage de son atelier, la figure de Caroline, son modèle, le visage peint sur toile de Caroline — après combien de coups de griffes, de blessures, d'hématomes? —, fruit de passion entre tous les objets d'amour, victorieux du faux gigantisme des déchets additionnés de la mort, et aussi des parcelles lumineuses à peine séparées, de nous autres, ses témoins temporels. Hors de sa sombre alvéole de désir et de cruauté. Il se réfléchissait, ce beau visage sans antan qui allait tuer le sommeil, dans le miroir de notre regard, provisoire receveur universel pour tous les yeux futurs.

POUR UN PROMÉTHÉE SAXIFRAGE

En touchant la main éolienne de Hölderlin.

A Denise Naville.

La réalité sans l'énergie disloquante de la poésie, qu'est-ce ?

Dieu avait trop puissamment vécu parmi nous. Nous ne savions plus nous lever et partir. Les étoiles sont mortes dans nos yeux, qui furent souveraines dans son regard.

Ce sont les questions des anges qui ont provoqué l'irruption des démons. Ils nous fixèrent au rocher, pour nous battre et pour nous aimer. De nouveau.

La seule lutte a lieu dans les ténèbres. La victoire n'est que sur leurs bords.

Noble semence, guerre et faveur de mon prochain, devant la sourde aurore je te garde avec mon quignon, attendant ce jour prévu de haute pluie, de limon vert, qui viendra pour les brûlants, et pour les obstinés.

AVEC BRAQUE, PEUT-ÊTRE, ON S'ÉTAIT DIT...

Quand la neige s'endort, la nuit rappelle ses chiens.

Fruits, vous vous tenez si loin de votre arbre que les étoiles du ciel semblent votre reflet.

Nous nous égarons lorsque la ligne droite, qui s'empresse devant nous, devient le sol sur lequel nous marchons. Nous nous abaissons à une piètre félicité.

Saveur des vagues qui ne retombent pas. Elles rejettent la mer dans son passé.

Le sang demeure dans les plumes de la flèche, non à sa pointe. L'arc l'a voulu ainsi.

L'orage a deux maisons. L'une occupe une brève place sur l'horizon; l'autre, tout un homme suffit à peine à la contenir.

La rosée souffre tôt. Par de bas matins elle se mesure avec l'hypogée de la nuit, avec la rudesse du jour, avec le durable tumulte des fontaines.

Cet homme était couvert des morsures de son imagination. L'imaginaire ne saignait qu'à des cicatrices anciennes.

L'art est une route qui finit en sentier, en tremplin, mais dans un champ à nous.

LA BIBLIOTHÈQUE EST EN FEU

A Georges Braque.

Par la bouche de ce canon il neige. C'était l'enfer dans notre tête. Au même moment c'est le printemps au bout de nos doigts. C'est la foulée de nouveau permise, la terre en amour, les herbes exubérantes.

L'esprit aussi, comme toute chose, a tremblé.

L'aigle est au futur.

Toute action qui engage l'âme, quand bien même celle-ci en serait ignorante, aura pour épilogue un repentir ou un chagrin. Il faut y consentir.

Comment me vint l'écriture? Comme un duvet d'oiseau sur ma vitre, en hiver. Aussitôt s'éleva dans l'âtre une bataille de tisons qui n'a pas, encore à présent, pris fin.

Soyeuses villes du regard quotidien, insérées parmi d'autres villes, aux rues tracées par nous seuls, sous l'aile d'éclairs qui répondent à nos attentions.

Tout en nous ne devrait être qu'une fête joyeuse quand quelque chose que nous n'avons pas prévu, que nous n'éclairons pas, qui va parler à notre cœur, par ses seuls moyens, s'accomplit.

Continuons à jeter nos coups de sonde, à parler à voix égale, par mots groupés, nous finirons par faire taire tous ces chiens, par obtenir qu'ils se confondent avec l'herbage, nous surveillant d'un œil fumeux, tandis que le vent effacera leur dos.

L'éclair me dure.

Il n'y a que mon semblable, la compagne ou le compagnon, qui puisse m'éveiller de ma torpeur, déclencher la poésie, me lancer contre les limites du vieux désert afin que j'en triomphe. Aucun autre. Ni cieux, ni terre privilégiée, ni choses dont on tressaille.

Torche, je ne valse qu'avec lui.

On ne peut pas commencer un poème sans une parcelle d'erreur sur soi et sur le monde, sans une paille d'innocence aux premiers mots.

Dans le poème, chaque mot ou presque doit être employé dans son sens originel. Certains, se détachant, deviennent plurivalents. Il en est d'amnésiques. La constellation du Solitaire est tendue.

La poésie me volera ma mort.

Pourquoi *poème pulvérisé?* Parce qu'au terme de son voyage vers le Pays, après l'obscurité pré-natale et la dureté terrestre, la finitude du poème est lumière, apport de l'être à la vie.

Le poète ne retient pas ce qu'il découvre; l'ayant transcrit, le perd bientôt. En cela réside sa nouveauté, son infini et son péril.

Mon métier est un métier de pointe.

On naît avec les hommes, on meurt inconsolé parmi les dieux.

La terre qui reçoit la graine est triste. La graine qui va tant risquer est heureuse.

Il est une malédiction qui ne ressemble à aucune autre. Elle papillote dans une sorte de paresse, a une nature avenante, se compose un visage aux traits rassurants. Mais quel ressort, passée la feinte, quelle course immédiate au but! Probablement, car l'ombre où elle échafaude est maligne, la région parfaitement secrète, elle se soustraira à une appellation, s'esquivera toujours à temps. Elle dessine dans le voile du ciel de quelques clairvoyants des paraboles assez effrayantes.

Livres sans mouvement. Mais livres qui s'introduisent avec souplesse dans nos jours, y poussent une plainte, ouvrent des bals.

Comment dire ma liberté, ma surprise, au terme de mille détours : il n'y a pas de fond, il n'y a pas de plafond.

Parfois la silhouette d'un jeune cheval, d'un enfant lointain, s'avance en éclaireur vers mon front et saute la barre de mon souci. Alors sous les arbres reparle la fontaine.

Nous désirons rester inconnus à la curiosité de celles qui nous aiment. Nous les aimons.

La lumière a un âge. La nuit n'en a pas. Mais quel fut l'instant de cette source entière?

Ne pas avoir plusieurs morts suspendues et comme enneigées. N'en avoir qu'une, de bon sable. Et sans résurrection.

Arrêtons-nous près des êtres qui peuvent se couper de leurs ressources, bien qu'il n'existe pour eux que peu ou pas de repli. L'attente leur creuse une insomnie vertigineuse. La beauté leur pose un chapeau de fleurs.

Oiseaux qui confiez votre gracilité, votre sommeil périlleux à un ramas de roseaux, le froid venu, comme nous vous ressemblons !

J'admire les mains qui emplissent, et, pour apparier, pour joindre, le doigt qui refuse le dé.

Je m'avise parfois que le courant de notre existence est peu saisissable, puisque nous subissons non seulement sa faculté capricieuse, mais le facile mouvement des bras et des jambes qui nous ferait aller là où nous serions heureux d'aller, sur la rive convoitée, à la rencontre d'amours dont les différences nous enrichiraient, ce mouvement demeure inaccompli, vite déclinant en image, comme un parfum en boule sur notre pensée.

Désir, désir qui sait, nous ne tirons avantage de nos ténèbres qu'à partir de quelques souverainetés véritables assorties d'invisibles flammes, d'invisibles chaînes, qui, se révélant, pas après pas, nous font briller.

La beauté fait son lit sublime toute seule, étrangement bâtit sa renommée parmi les hommes, à côté d'eux mais à l'écart.

Semons les roseaux et cultivons la vigne sur les coteaux, au bord des plaies de notre esprit. Doigts cruels, mains précautionneuses, ce lieu facétieux est propice.

Celui qui invente, au contraire de celui qui découvre, n'ajoute aux choses, n'apporte aux êtres que des masques, des entre-deux, une bouillie de fer.

Enfin toute la vie, quand j'arrache la douceur de ta vérité amoureuse à ton profond!

Restez près du nuage. Veillez près de l'outil. Toute semence est détestée.

Bienfaisance des hommes certains matins stridents. Dans le fourmillement de l'air en délire, je monte, je m'enferme, insecte indévoré, suivi et poursuivant.

Face à ces eaux, de formes dures, où passent en bouquets éclatés toutes les fleurs de la montagne verte, les Heures épousent des dieux.

Frais soleil dont je suis la liane.

7

L'écarlate

LA RÉCOLTE INJURIÉE

Ne vous frottez pas contre la charrue,
Ses bras ne sont pas meilleurs que les miens.
Quand ma chair ignorante vous pétrissait,
Son entourage robuste repoussait la fiction de la laine.

Mieux qu'un portail s'excluant de sa rouille,
Sans me céder, je vous touchais.

Le froid jouissait de l'alcôve.
Voltige de la présence
Qui interrompt sa description.

On n'enfonce pas son pied dans la source
Pour paraître l'égal de l'amandicr.

On ne s'égare pas dans le sommeil
Pour rejoindre sa route préférée.

On ne donne pas la lanterne à lécher au chien.

Dégagé de la vermine de l'ombre,
On aborde sa faim déçue,
Comme un hameau de sécheresse :
Café chantant endiablé.

Cette épidémie de feu
Guérit de l'humilité.

Je me supprime, je vous loge.
Menaçante, embaumez mon seuil.

FRÉQUENCE

Tout le jour, assistant l'homme, le fer a appliqué son torse sur la boue enflammée de la forge. A la longue, leurs jarrets jumeaux ont fait éclater la mince nuit du métal à l'étroit sous la terre.

L'homme sans se hâter quitte le travail. Il plonge une dernière fois ses bras dans le flanc assombri de la rivièrc. Saura-t-il enfin saisir le bourdon glacé des algues ?

CENTON

Vous recherchez mon point faible, ma faille ? Sa découverte vous permettrait de m'avoir à merci ? Mais, assaillant, ne voyez-vous pas que je suis un crible et que votre peu de cervelle sèche parmi mes rayons expirés ?

Je n'ai ni chaud ni froid : je gouverne. Cependant n'allongez pas trop la main vers le sceptre de mon pouvoir. Il glace, il brûle... Vous en éventeriez la sensation.

J'aime, je capture et je rends à quelqu'un. Je suis dard et j'abreuve de lumière le prisonnier de la fleur. Tels sont mes contradictions, mes services.

En ce temps, je souriais au monde et le monde me souriait. En ce temps qui ne fut jamais et que je lis dans la poussière.

Ceux qui regardent souffrir le lion dans sa cage pourrissent dans la mémoire du lion.

Un roi qu'un coureur de chimère rattrape, je lui souhaite d'en mourir.

LES OBSERVATEURS ET LES RÊVEURS

A Maurice Blanchard.

Avant de rejoindre les nomades,
Les séducteurs allument les colonnes de pétrole
Pour dramatiser les récoltes.

Demain commenceront les travaux poétiques
Précédés du cycle de la mort volontaire.
Le règne de l'obscurité a coulé la raison, le diamant dans la mine.

Mères éprises des mécènes du dernier soupir,
Mères excessives,
Toujours à creuser le cœur massif,
Sur vous passera indéfiniment le frisson des fougères, des cuisses embaumées.
On vous gagnera,
Vous vous coucherez.

Seuls aux fenêtres des fleuves,
Les grands visages éclairés
Rêvent qu'il n'y a rien de périssable
Dans leur paysage carnassier.

LES PARAGES D'ALSACE

Je t'ai montré La Petite-Pierre, la dot de sa forêt,
le ciel qui naît aux branches,
L'ampleur de ses oiseaux chasseurs d'autres oiseaux,
Le pollen deux fois vivant sous la flambée des fleurs,
Une tour qu'on hisse au loin comme la toile du corsaire,
Le lac redevenu le berceau du moulin, le sommeil
d'un enfant.

Là où m'oppressa ma ceinture de neige,
Sous l'auvent d'un rocher moucheté de corbeaux,
J'ai laissé le besoin d'hiver.
Nous nous aimons aujourd'hui sans au-delà et sans
lignée,
Ardents ou effacés, différents mais ensemble,
Nous détournant des étoiles dont la nature est de
voler sans parvenir.

Le navire fait route vers la haute mer végétale.
Tous feux éteints il nous prend à son bord.

Nous étions levés dès avant l'aube dans sa mémoire.
Il abrita nos enfances, lesta notre âge d'or,
L'appelé, l'hôte itinérant, tant que nous croyons à sa vérité.

MIRAGE DES AIGUILLES

Ils prennent pour de la clarté le rire jaune des ténèbres. Ils soupèsent dans leurs mains les restes de la mort et s'écrient : « Ce n'est pas pour nous. » Aucun viatique précieux n'embellit la gueule de leurs serpents déroulés. Leur femme les trompe, leurs enfants les volent, leurs amis les raillent. Ils n'en distinguent rien, par haine de l'obscurité. Le diamant de la création jette-t-il des feux obliques ? Promptement un leurre pour le couvrir. Ils ne poussent dans leur four, ils n'introduisent dans la pâte lisse de leur pain qu'une pincée de désespoir fromental. Ils se sont établis et prospèrent dans le berceau d'une mer où l'on s'est rendu maître des glaciers. Tu es prévenu.

Comment, faible écolier, convertir l'avenir et détiser ce feu tant questionné, tant remué, tombé sur ton regard fautif?

Le présent n'est qu'un jeu ou un massacre d'archers.

Dès lors fidèle à son amour comme le ciel l'est au rocher. Fidèle, méché, mais sans cesse vaguant, dérobant sa course par toute l'étendue montrée du feu, tenue du vent, l'étendue, trésor de boucher, sanglante à un croc.

L'EXTRAVAGANT

Il ne déplaçait pas d'ombre en avançant, traduisant une audace tôt consumée, bien que son pas fût assez vulgaire. Ceux qui, aux premières heures de la nuit, ratent leur lit et le perdent ensuite de vue jusqu'au lendemain, peuvent être tentés par les similitudes. Ils cherchent à s'extraire de quelques pierres trop sages, trop chaudes, veulent se délivrer de l'emprise des cristaux à prétention fabuleuse, que la morne démarche du quotidien sécrète, aux lieux de son choix, avec des attouchements de suaire. Tel n'était pas ce marcheur que le voile du paysage lunaire, très bas, semblait ne pas gêner dans son mouvement. Le gel furieux effleurait la surface de son front sans paraître *personnel.* Une route qui s'allonge, un sentier qui dévie sont conformes à l'élan de la pensée qui fredonne. Par la nuit d'hiver fantastiquement propre parce qu'elle était commune à la généralité des habitants de l'univers qui ne la pénétraient pas, le dernier comédien n'allait plus exister. Il avait perdu tout lien avec le volume ancien des sources propices aux interrogations, avec les corps heureux qu'il s'était plu à animer auprès du sien lorsqu'il pouvait encore assigner une cime à son plaisir, une neige à son talent. Aujourd'hui il rompait avec la tristesse devenue un objet aguerri, avec la frayeur du convenu. La terre avait faussé sa persuasion, la terre, de sa vitesse un peu courte, avec son imagination safranée, son usure crevassée par les actes des monstres. Personne n'aurait à l'oublier car l'utile ne l'avait pas assisté, ne l'avait pas dessiné en entier au regard des autres. Sur le plafond de chaux blanche de sa chambre, quelques oiseaux étaient passés mais leur éclair avait fondu dans son sommeil.

Le voile du paysage lunaire maintenant très haut déploie ses couleurs aromatiques au-dessus du personnage que je dis. Il sort éclairé du froid et tourne à jamais le dos au printemps qui n'existe pas.

ASSEZ CREUSÉ

Assez creusé, assez miné sa part prochaine. Le pire est dans chacun, en chasseur, dans son flanc. Vous qui n'êtes ici qu'une pelle que le temps soulève, retournez-vous sur ce que j'aime, qui sanglote à côté de moi, et fracassez-nous, je vous prie, que je meure une bonne fois.

LE BULLETIN DES BAUX

Ta dictée n'a ni avènement ni fin. Souchetée seulement d'absences, de volets arrachés, de pures inactions.

Juxtapose à la fatalité la résistance à la fatalité. Tu connaîtras d'étranges hauteurs.

La beauté naît du dialogue, de la rupture du silence et du regain de ce silence. Cette pierre qui t'appelle dans son passé est libre. Cela se lit aux lignes de sa bouche.

La durée que ton cœur réclame existe ici en dehors de toi.

Oui et non, heure après heure, se réconcilient dans la superstition de l'histoire. La nuit et la chaleur, le ciel et la verdure se rendent invisibles pour être mieux sentis.

Les ruines douées d'avenir, les ruines incohérentes avant que tu n'arrives, homme comblé, vont de leurs parcelles à ton amour. Ainsi se voit promise et retirée à ton irritable maladresse la rose qui ferme le royaume.

La graduelle présence du soleil désaltère la tragédie. Ah ! n'appréhende pas de renverser ta jeunesse.

MADELEINE A LA VEILLEUSE

par Georges de La Tour.

Je voudrais aujourd'hui que l'herbe fût blanche pour fouler l'évidence de vous voir souffrir : je ne regarderais pas sous votre main si jeune la forme dure, sans crépi de la mort. Un jour discrétionnaire, d'autres pourtant moins avides que moi, retireront votre chemise de toile, occuperont votre alcôve. Mais ils oublieront en partant de noyer la veilleuse et un peu d'huile se répandra par le poignard de la flamme sur l'impossible solution.

L'INOFFENSIF

Je pleure quand le soleil se couche parce qu'il te dérobe à ma vue et parce que je ne sais pas m'accorder avec ses rivaux nocturnes. Bien qu'il soit au bas et maintenant sans fièvre, impossible d'aller contre son déclin, de suspendre son effeuillaison, d'arracher quelque envie encore à sa lueur moribonde. Son départ te fond dans son obscurité comme le limon du lit se délaye dans l'eau du torrent par-delà l'éboulis des berges détruites. Dureté et mollesse au ressort différent ont alors des effets semblables. Je cesse de recevoir l'hymne de ta parole; soudain tu n'apparais plus entière à mon côté; ce n'est pas le fuseau nerveux de ton poignet que tient ma main mais la branche creuse d'un quelconque arbre mort et déjà débité. On ne met plus un nom à rien, qu'au frisson. Il fait nuit. Les artifices qui s'allument me trouvent aveugle.

Je n'ai pleuré en vérité qu'une seule fois. Le soleil en disparaissant avait coupé ton visage. Ta tête avait roulé dans la fosse du ciel et je ne croyais plus au lendemain.

Lequel est l'homme du matin et lequel celui des ténèbres ?

LES DIEUX SONT DE RETOUR

Les dieux sont de retour, compagnons. Ils viennent à l'instant de pénétrer dans cette vie; mais la parole qui révoque, sous la parole qui déploie, est réapparue, elle aussi, pour ensemble nous faire souffrir.

SUR UNE NUIT
SANS ORNEMENT

Regarder la nuit battue à mort; continuer à nous suffire en elle.

Dans la nuit, le poète, le drame et la nature ne font qu'un, mais en montée et s'aspirant.

La nuit porte nourriture, le soleil affine la partie nourrie.

Dans la nuit se tiennent nos apprentissages en état de servir à d'autres, après nous. Fertile est la fraîcheur de cette gardienne!

L'infini attaque mais un nuage sauve.

La nuit s'affilie à n'importe quelle instance de la vie disposée à finir en printemps, à voler par tempête.

La nuit se colore de rouille quand elle consent à nous entrouvrir les grilles de ses jardins.

Au regard de la nuit vivante, le rêve n'est parfois qu'un lichen spectral.

Il ne fallait pas embraser le cœur de la nuit. Il fallait que l'obscur fût maître où se cisèle la rosée du matin.

La nuit ne succède qu'à elle. Le beffroi solaire n'est qu'une tolérance intéressée de la nuit.

La reconduction de notre mystère, c'est la nuit qui en prend soin; la toilette des élus, c'est la nuit qui l'exécute.

La nuit déniaise notre passé d'homme, incline sa psyché devant le présent, met de l'indécision dans notre avenir.

Je m'emplirai d'une terre céleste.

Nuit plénière où le rêve malgracieux ne clignote plus, garde-moi vivant ce que j'aime.

L'ALLÉGRESSE

Les nuages sont dans les rivières, les torrents parcourent le ciel. Sans saisie les journées montent en graines, meurent en herbe. Le temps de la famine et celui de la moisson, l'un sous l'autre dans l'air haillonneux, ont effacé leur différence. Ils filent ensemble, ils bivaquent! Comment la peur serait-elle distincte de l'espoir, passant raviné? Il n'y a plus de seuil aux maisons, de fumée aux clairières. Est tombé au gouffre le désir de chaleur — et ce peu d'obscurité dans notre dos où s'inquiétait la primevère dès qu'épiait l'avenir.

Pont sur la route des invasions, mentant au vainqueur, exorable au défait. Saurons-nous, sous le pied de la mort, si le cœur, ce gerbeur, ne doit pas précéder mais suivre?

LE MASQUE FUNÈBRE

Il était un homme, une fois, qui n'ayant plus faim, plus jamais faim, tant il avait dévoré d'héritages, englouti d'aliments, appauvri son prochain, trouva sa table vide, son lit désert, sa femme grosse, et la terre mauvaise dans le champ de son cœur.

N'ayant pas de tombeau et se voulant en vie, n'ayant rien à donner et moins à recevoir, les objets le fuyant, les bêtes lui mentant, il vola la famine et s'en fit une assiette qui devint son miroir et sa propre déroute.

L'ESCALIER DE FLORE

Pourquoi vivant le plus vivant de tous, n'es-tu que ténèbres de fleur parmi les vivants ?

Grège chaleur, lendemain tonnant, qui toucherez terre avant moi, ah ! ne déposez pas ce qui bientôt sera masse d'amour pour vous.

MARMONNEMENT

Pour ne pas me rendre et pour m'y retrouver, je t'offense, mais combien je suis épris de toi, loup, qu'on dit à tort funèbre, pétri des secrets de mon arrière-pays. C'est dans une masse d'amour légendaire que tu laisses la déchaussure vierge, pourchassée de ton ongle. Loup, je t'appelle, mais tu n'as pas de réalité nommable. De plus, tu es inintelligible. Non-comparant, compensateur, que sais-je? Derrière ta course sans crinière, je saigne, je pleure, je m'enserre de terreur, j'oublie, je ris sous les arbres. Traque impitoyable où l'on s'acharne, où tout est mis en action contre la double proie : toi invisible et moi vivace.

Continue, va, nous durons ensemble; et ensemble, bien que séparés, nous bondissons par-dessus le frisson de la suprême déception pour briser la glace des eaux vives et se reconnaître là.

NOUS AVONS

Notre parole, en archipel, vous offre, après la douleur et le désastre, des fraises qu'elle rapporte des landes de la mort, ainsi que ses doigts chauds de les avoir cherchées.

Tyrannies sans delta, que midi jamais n'illumine, pour vous nous sommes le jour vieilli; mais vous ignorez que nous sommes aussi l'œil vorace, bien que voilé, de l'origine.

Faire un poème, c'est prendre possession d'un au-delà nuptial qui se trouve bien dans cette vie, très-rattaché à elle, et cependant à proximité des urnes de la mort.

Il faut s'établir à l'extérieur de soi, au bord des larmes et dans l'orbite des famines, si nous voulons que quelque chose hors du commun se produise, qui n'était que pour nous.

Si l'angoisse qui nous évide abandonnait sa grotte glacée, si l'amante dans notre cœur arrêtait la pluie de fourmis, le Chant reprendrait.

Dans le chaos d'une avalanche, deux pierres s'épousant au bond purent s'aimer nues dans l'espace. L'eau de neige qui les engloutit s'étonna de leur mousse ardente.

L'homme fut sûrement le vœu le plus fou des ténèbres; c'est pourquoi nous sommes ténébreux, envieux et fous sous le puissant soleil.

Une terre qui était belle a commencé son agonie, sous le regard de ses sœurs voltigeantes, en présence de ses fils insensés.

*

Nous avons en nous d'immenses étendues que nous n'arriverons jamais à talonner; mais elles sont utiles à l'âpreté de nos climats, propices à notre éveil comme à nos perditions.

Comment rejeter dans les ténèbres notre cœur antérieur et son droit de retour?

La poésie est ce fruit que nous serrons, mûri, avec liesse, dans notre main au même moment qu'il nous apparaît, d'avenir incertain, sur la tige givrée, dans le calice de la fleur.

Poésie, unique montée des hommes, que le soleil des morts ne peut assombrir dans l'infini parfait et burlesque.

*

Un mystère plus fort que leur malédiction innocentant leur cœur, ils plantèrent un arbre dans le Temps, s'endormirent au pied, et le Temps se fit aimant.

LE BOIS DE L'EPTE

Je n'étais ce jour-là que deux jambes qui marchent.
Aussi, le regard sec, le nul au centre du visage,
Je me mis à suivre le ruisseau du vallon.
Bas coureur, ce fade ermite ne s'immisçait pas
Dans l'informe où je m'étendais toujours plus avant.

Venus du mur d'angle d'une ruine laissée jadis par l'incendie,
Plongèrent soudain dans l'eau grise
Deux rosiers sauvages pleins d'une douce et inflexible volonté.
Il s'y devinait comme un commerce d'êtres disparus, à la veille de s'annoncer encore.

Le rauque incarnat d'une rose, en frappant l'eau,
Rétablit la face première du ciel avec l'ivresse des questions,
Éveilla au milieu des paroles amoureuses la terre,
Me poussa dans l'avenir comme un outil affamé et fiévreux.

Le bois de l'Epte commençait un tournant plus loin.
Mais je n'eus pas à le traverser, le cher grainetier du relèvement!
Je humai, sur le talon du demi-tour, le remugle des prairies où fondait une bête,
J'entendis glisser la peureuse couleuvre;
De chacun — ne me traitez pas durement — j'accomplissais, je le sus, les souhaits.

FONTIS

Le raisin a pour patrie
Les doigts de la vendangeuse.
Mais elle, qui a-t-elle,
Passé l'étroit sentier de la vigne cruelle ?

Le rosaire de la grappe ;
Au soir le très haut fruit couchant qui saigne

La dernière étincelle.

LE NU PERDU

Porteront rameaux ceux dont l'endurance sait user la nuit noueuse qui précède et suit l'éclair. Leur parole reçoit existence du fruit intermittent qui la propage en se dilacérant.

Ils sont les fils incestueux de l'entaille et du signe, qui élevèrent aux margelles le cercle en fleurs de la jarre du ralliement. La rage des vents les maintient encore dévêtus. Contre eux vole un duvet de nuit noire.

8

Vallée close

CALENDRIER

J'ai lié les unes aux autres mes convictions et agrandi ta Présence. J'ai octroyé un cours nouveau à mes jours en les adossant à cette force spacieuse. J'ai congédié la violence qui limitait mon ascendant. J'ai pris sans éclat le poignet de l'équinoxe. L'oracle ne me vassalise plus. J'entre : j'éprouve ou non la grâce.

La menace s'est polie. La plage qui chaque hiver s'encombrait de régressives légendes, de sibylles aux bras lourds d'orties, se prépare aux êtres à secourir. Je sais que la conscience qui se risque n'a rien à redouter de la plane.

PROUVER PAR LA VIE

Je lègue ma part du prochain
A l'aiguilleur du convoi de mythes
Qui s'élabore au quai désert.

Fut-il malfaiteur,
Ne fut-il pas imaginaire.

Contradictions persuasives
Qui dévitalisent l'éveil :
Courte vie au salaire enchevêtré de la cascade,
Évidence mutable.

La régie de l'homme est fragile.
Sont de lèvres les ressorts de ses fréquentes périodes,
Souple relief indistinct,
Ardoise autant dc sortilèges.

Collecteur de la retentissante pourriture cyclique,
Ses ressources le dégradent.
Disparité, proche survie de fumigation.

TRANSIR

Cette part jamais fixée, en nous sommeillante, d'où jaillira DEMAIN LE MULTIPLE.

L'âge du renne, c'est-à-dire l'âge du souffle. O vitre, ô givre, nature conquise, dedans fleurie, dehors détruite!

Insouciants, nous exaltons et contrecarrons justement la nature et les hommes. Cependant, terreur, au-dessus de notre tête, le soleil entre dans le signe de ses ennemis.

La lutte contre la cruauté profane, hélas, vœu de fourmi ailée. Sera-t-elle notre novation?

Au soleil d'hiver quelques fagots noués et ma flamme au mur.

Terre où je m'endors, espace où je m'éveille, qui viendra quand vous ne serez plus là? (*que deviendrai-je* m'est d'une chaleur presque infinie).

DÉDALE

Pioche! enjoignait la virole.
Saigne! répétait le couteau.
Et l'on m'arrachait la mémoire,
On martyrisait mon chaos.

Ceux qui m'avaient aimé,
Puis détesté, puis oublié,
Se penchaient à nouveau sur moi.
Certains pleuraient, d'autres étaient contents.

Sœur froide, herbe de l'hiver,
En marchant, je t'ai vue grandir,
Plus haute que mes ennemis,
Plus verte que mcs souvenirs.

VERSANT

Donnons les prodiges à l'oubli secourable,
Impavide.
Laissons filer au blutoir des poussières les corps dont nous fûmes épris.
Quittons ces fronts de chance plus souillés que les eaux,
Noblesse de feuillage.
A présent que décroît la portée de l'exemple,
Quel carreau apparu en larmes
Va nous river,
Cœurs partisans ?

PÉNOMBRE

J'étais dans une de ces forêts où le soleil n'a pas accès mais où, la nuit, les étoiles pénètrent. Ce lieu n'avait le permis d'exister, que parce que l'inquisition des états l'avait négligé. Les servitudes abandonnées me marquaient leur mépris. La hantise de punir m'était retirée. Par endroit, le souvenir d'une force caressait la fugue paysanne de l'herbe. Je me gouvernais sans doctrine, avec une véhémence sereine. J'étais l'égal de choses dont le secret tenait sous le rayon d'une aile. Pour la plupart, l'essentiel n'est jamais né et ceux qui le possèdent ne peuvent l'échanger sans se nuire. Nul ne consent à perdre ce qu'il a conquis à la pointe de sa peine! Autrement ce serait la jeunesse et la grâce, source et delta auraient la même pureté.

J'étais dans une dc ces forêts où le soleil n'a pas accès mais où, la nuit, les étoiles pénètrent pour d'implacables hostilités.

BERCEUSE POUR CHAQUE JOUR JUSQU'AU DERNIER

Nombreuses fois, nombre de fois,
L'homme s'endort, son corps l'éveille;
Puis une fois, rien qu'une fois,
L'homme s'endort et perd son corps.

POUR RENOUER

Nous nous sommes soudain trop approchés de quelque chose dont on nous tenait à une distance mystérieusement favorable et mesurée. Depuis lors, c'est le rongement. Notre appuie-tête a disparu.

Il est insupportable de se sentir part solidaire et impuissante d'une beauté en train de mourir par la faute d'autrui. Solidaire dans sa poitrine et impuissant dans le mouvement de son esprit.

Si ce que je te montre et ce que je te donne te semblent moindres que ce que je te cache, ma balance est pauvre, ma glane est sans vertu.

Tu es reposoir d'obscurité sur ma face trop offerte, poème. Ma splendeur et ma souffrance se sont glissées entre les deux.

Jeter bas l'existence laidement accumulée et retrouver le regard qui l'aima assez à son début pour en étaler le fondement. Ce qui me reste à vivre est dans cet assaut, dans ce frisson.

VERMILLON

Réponse à un peintre.

Qu'elle vienne, maîtresse, à ta marche inclinée,
Ou qu'elle appelle de la brume du bois;
Qu'en sa chambre elle soit prévenue et suivie,
Épouse à son carreau, fusée inaperçue;
Sa main, fendant la mer et caressant tes doigts,
Déplace de l'été la borne invariable.

La tempête et la nuit font chanter, je l'entends,
Dans le fer de tes murs le galet d'Agrigente.

Fontainier, quel dépit de ne pouvoir tirer de son caveau mesquin
La source, notre endroit!

GRÈGE

La Fête, c'est le ciel d'un bleu belliqueux et à la même seconde le temps au précipité orageux. C'est un risque dont le regard nous suit et nous maintient, soit qu'il nous interpelle, soit qu'il se ravise. C'est le grand emportement contre un ordre avantageux pour en faire jaillir un amour... Et sortir vainqueur de la Fête, c'est, lorsque cette main sur notre épaule nous murmure : « Pas si vite... », cette main dont l'équivoque s'efforce de retarder le retour à la mort, de se jeter dans l'irréalisable de la Fête.

J'HABITE UNE DOULEUR

Ne laisse pas le soin de gouverner ton cœur à ces tendresses parentes de l'automne auquel elles empruntent sa placide allure et son affable agonie. L'œil est précoce à se plisser. La souffrance connaît peu de mots. Préfère te coucher sans fardeau : tu rêveras du lendemain et ton lit te sera léger. Tu rêveras que ta maison n'a plus de vitres. Tu es impatient de t'unir au vent, au vent qui parcourt une année en une nuit. D'autres chanteront l'incorporation mélodieuse, les chairs qui ne personnifient plus que la sorcellerie du sablier. Tu condamneras la gratitude qui se répète. Plus tard, on t'identifiera à quelque géant désagrégé, seigneur de l'impossible.

Pourtant.

Tu n'as fait qu'augmenter le poids de ta nuit. Tu es retourné à la pêche aux murailles, à la canicule sans été. Tu es furieux contre ton amour au centre d'une entente qui s'affole. Songe à la maison parfaite que tu ne verras jamais monter. A quand la récolte de l'abîme? Mais tu as crevé les yeux du lion. Tu crois voir passer la beauté au-dessus des lavandes noires...

Qu'est-ce qui t'a hissé, une fois encore, un peu plus haut, sans te convaincre ?

Il n'y a pas de siège pur.

REMISE

Laissez filer les guides, maintenant c'est la plaine.
Il gèle à la frontière, chaque branche l'indique.
Un tournant va surgir, prompt comme une fumée,
Où flottera bonjour arqué comme une écharde.
L'angoisse de faiblir sous l'écorce respire.
Le couvert sera mis autour de la margelle.
Des êtres bienveillants se porteront vers nous.
La main à votre front sera froide d'étoiles;
Et pas un souvenir de couteau sur les herbes.

Non, le bruit de l'oubli là serait tel
Qu'il corromprait la vertu du sang et de la cendre,
Ligués à mon chevet contre la pauvreté.
Qui n'entend que son pas n'admire que sa vue,
Dans l'eau morte de son ombre.

DANS LA MARCHE

A Georges Blin.

Ces incessantes et phosphorescentes traînées de la mort sur soi que nous lisons dans les yeux de ceux qui nous aiment, sans désirer les leur dissimuler.

Faut-il distinguer entre une mort hideuse et une mort préparée de la main des génies? Entre une mort à visage de bête et une mort à visage de mort?

*

Nous ne pouvons vivre que dans l'entrouvert, exactement sur la ligne hermétique de partage de l'ombre et de la lumière. Mais nous sommes irrésistiblement jetés en avant. Toute notre personne prête aide et vertige à cette poussée.

*

La poésie est à la fois parole et provocation silencieuse, désespérée de notre être-exigeant pour la venue d'une réalité qui sera sans concurrente. Imputrescible celle-là. Impérissable, non; car elle court les dangers de tous. Mais la seule qui visiblement triomphe de la mort matérielle. Telle est la Beauté, la Beauté hauturière, apparue dès les premiers temps de notre cœur, tantôt dérisoirement conscient, tantôt lumineusement averti.

Ce qui gonfle ma sympathie, ce que j'aime, me cause bientôt presque autant de souffrance que ce dont je me détourne, en résistant, dans le mystère de mon cœur : apprêts voilés d'une larme.

La seule signature au bas de la vie blanche, c'est la poésie qui la dessine. Et toujours entre notre cœur éclaté et la cascade apparue.

Pour l'aurore, la disgrâce c'est le jour qui va venir; pour le crépuscule c'est la nuit qui engloutit. Il se trouva jadis des gens d'aurore. A cette heure de tombée, peut-être, nous voici. Mais pourquoi huppés comme des alouettes?

L'ISSUE

Tout s'éteignit :
Le jour, la lumière intérieure.
Masse endolorie,
Je ne trouvais plus mon temps vrai,
Ma maison.

L'amble des morts mal morts
Sonnant à tous les vides;
A un ciel nuageux
Je me délimitais.

Nourri par celui qui n'est pas du lieu,
Pas après pas, quasi consolé.

Pleine sera la vigne
Où combat ton épaule,
Sauf et même soleil.

JACQUEMARD ET JULIA

Jadis l'herbe, à l'heure où les routes de la terre s'accordaient dans leur déclin, élevait tendrement ses tiges et allumait ses clartés. Les cavaliers du jour naissaient au regard de leur amour et les châteaux de leurs bien-aimées comptaient autant de fenêtres que l'abîme porte d'orages légers.

Jadis l'herbe connaissait mille devises qui ne se contrariaient pas. Elle était la providence des visages baignés de larmes. Elle incantait les animaux, donnait asile à l'erreur. Son étendue était comparable au ciel qui a vaincu la peur du temps et allégi la douleur.

Jadis l'herbe était bonne aux fous et hostile au bourreau. Elle convolait avec le seuil de toujours. Les jeux qu'elle inventait avaient des ailes à leur sourire (jeux absous et également fugitifs). Elle n'était dure pour aucun de ceux qui perdant leur chemin souhaitent le perdre à jamais.

Jadis l'herbe avait établi que la nuit vaut moins que son pouvoir, que les sources ne compliquent pas à plaisir leur parcours, que la graine qui s'agenouille est déjà à demi dans le bec de l'oiseau. Jadis, terre et ciel se haïssaient mais terre et ciel vivaient.

L'inextinguible sécheresse s'écoule. L'homme est un étranger pour l'aurore. Cependant à la poursuite de la vie qui ne peut être encore imaginée, il y a des volontés qui frémissent, des murmures qui vont s'affronter et des enfants sains et saufs qui *découvrent*.

TRAVERSE

La colline qu'il a bien servie descend en torrent dans son dos. Les langues pauvres le saluent; les mulets au pré lui font fête. La face rose de l'ornière tourne deux fois vers lui l'onde de son miroir. La méchanceté dort. Il est tel qu'il se rêvait.

A LA SANTÉ DU SERPENT

I

Je chante la chaleur à visage de nouveau-né, la chaleur désespérée.

II

Au tour du pain de rompre l'homme, d'être la beauté du point du jour.

III

Celui qui se fie au tournesol ne méditera pas dans la maison. Toutes les pensées de l'amour deviendront ses pensées.

IV

Dans la boucle de l'hirondelle un orage s'informe, un jardin se construit.

V

Il y aura toujours une goutte d'eau pour durer plus que le soleil sans que l'ascendant du soleil soit ébranlé.

VI

Produis ce que la connaissance veut garder secret, la connaissance aux cent passages.

VII

Ce qui vient au monde pour ne rien troubler ne mérite ni égards ni patience.

VIII

Combien durera ce manque de l'homme mourant au centre de la création parce que la création l'a congédié ?

IX

Chaque maison était une saison. La ville ainsi se répétait. Tous les habitants ensemble ne connaissaient que l'hiver, malgré leur chair réchauffée, malgré le jour qui ne s'en allait pas.

X

Tu es dans ton essence constamment poète, constamment au zénith de ton amour, constamment avide de vérité et de justice. C'est sans doute un mal nécessaire que tu ne puisses l'être assidûment dans ta conscience.

XI

Tu feras de l'âme qui n'existe pas un homme meilleur qu'elle.

XII

Regarde l'image téméraire où se baigne ton pays, ce plaisir qui t'a longtemps fui.

XIII

Nombreux sont ceux qui attendent que l'écueil les soulève, que le but les franchisse, pour se définir.

XIV

Remercie celui qui ne prend pas souci de ton remords. Tu es son égal.

XV

Les larmes méprisent leur confident.

XVI

Il reste unc profondeur mesurable là où le sable subjugue la destinée.

XVII

Mon amour, peu importe que je sois né : tu deviens visible à la place où je disparais.

XVIII

Pouvoir marcher, sans tromper l'oiseau, du cœur de l'arbre à l'extase du fruit.

XIX

Ce qui t'accueille à travers le plaisir n'est que la gratitude mercenaire du souvenir. La présence que tu as choisie ne délivre pas d'adieu.

XX

Ne te courbe que pour aimer. Si tu meurs, tu aimes encore.

XXI

Les ténèbres que tu t'infuses sont régies par la luxure de ton ascendant solaire.

XXII

Néglige ceux aux yeux de qui l'homme passe pour n'être qu'une étape de la couleur sur le dos tourmenté de la terre. Qu'ils dévident leur longue remontrance. L'encre du tisonnier et la rougeur du nuage ne font qu'un.

XXIII

Il n'est pas digne du poète de mystifier l'agneau, d'investir sa laine.

XXIV

Si nous habitons un éclair, il est le cœur de l'éternel.

XXV

Yeux qui, croyant inventer le jour, avez éveillé le vent, que puis-je pour vous ? Je suis l'oubli.

XXVI

La poésie est de toutes les eaux claires celle qui s'attarde le moins aux reflets de ses ponts.

Poésie, la vie future à l'intérieur de l'homme requalifié.

XXVII

Une rose pour qu'il pleuve. Au terme d'innombrables années, c'est ton souhait.

LE PERMISSIONNAIRE

L'ogre qui est partout :
Sur le visage qu'on attend
Et dans le languir qu'on en a,
Dans la migration des oiseaux,
Sous leur feinte tranquillité;
L'ogre qui sert chacun de nous
Et n'est jamais remercié,
Dans la maison qu'on s'est construite
Malgré la migraine du vent;
L'ogre couvert et chimérique;
Ah! s'il pouvait nous confier
Qu'il est le valet de la Mort.

MONTAGNE DÉCHIRÉE

Oh! la toujours plus rase solitude
Des larmes qui montent aux cimes.

Quand se déclare la débâcle
Et qu'un vieil aigle sans pouvoir
Voit revenir son assurance,
Le bonheur s'élance à son tour,
A flanc d'abîme les rattrape.

Chasseur rival, tu n'as rien appris,
Toi qui sans hâte me dépasses
Dans la mort que je contredis.

Le Rébanqué, Lagnes, 29 août 1949.

AUX RIVERAINS DE LA SORGUE

L'homme de l'espace dont c'est le jour natal sera un milliard de fois moins lumineux et révélera un milliard de fois moins de choses cachées que l'homme granité, reclus et recouché de Lascaux, au dur membre débourbé de la mort.

1959.

LE MARTINET

Martinet aux ailes trop larges, qui vire et crie sa joie autour de la maison. Tel est le cœur.

Il dessèche le tonnerre. Il sème dans le ciel serein. S'il touche au sol, il se déchire.

Sa repartie est l'hirondelle. Il déteste la familière. Que vaut dentelle de la tour?

Sa pause est au creux le plus sombre. Nul n'est plus à l'étroit que lui.

L'été de la longue clarté, il filera dans les ténèbres, par les persiennes de minuit.

Il n'est pas d'yeux pour le tenir. Il crie, c'est toute sa présence. Un mince fusil va l'abattre. Tel est le cœur.

LA FAUX RELEVÉE

Quand le bouvier des morts frappera du bâton,
Dédiez à l'été ma couleur dispersée.
Avec mes poings trop bleus étonnez un enfant.
Disposez sur ses joues ma lampe et mes épis.

Fontaine, qui tremblez dans votre étroit réduit,
Mon gain, aux soifs des champs, vous le prodiguerez.
De l'humide fougère au mimosa fiévreux,
Entre le vieil absent et le nouveau venu,
Le mouvement d'aimer, s'abaissant, vous dira :
« Hormis là, nul endroit, la disgrâce est partout. »

LES DENTELLES DE MONTMIRAIL

Au sommet du mont, parmi les cailloux, les trompettes de terre cuite des hommes des vieilles gelées blanches pépiaient comme de petits aigles.

Pour une douleur drue, s'il y a douleur.

La poésie vit d'insomnie perpétuelle.

Il semble que ce soit le ciel qui ait le dernier mot. Mais il le prononce à voix si basse que nul ne l'entend jamais.

Il n'y a pas de repli; seulement une patience millénaire sur laquelle nous sommes appuyés.

Dormez, désespérés, c'est bientôt jour, un jour d'hiver.

Nous n'avons qu'une ressource avec la mort : faire de l'art avant elle.

La réalité ne peut être franchie que soulevée.

Aux époques de détresse et d'improvisation, quelques-uns ne sont tués que pour une nuit et les autres pour l'éternité : un chant d'alouette des entrailles.

La quête d'un frère signifie presque toujours la recherche d'un être, notre égal, à qui nous désirons offrir des transcendances dont nous finissons à peine de dégauchir les signes.

Le probe tombeau : une meule de blé. Le grain au pain, la paille pour le fumier.

Ne regardez qu'une fois la vague jeter l'ancre dans la mer.

L'imaginaire n'est pas pur; il ne fait qu'aller.

Les grands ne se perpétuent que par les grands. On oublie. La mesure seule est blessée.

Qu'est-ce qu'un nageur qui ne saurait se glisser entièrement sous les eaux?

Avec des poings pour frapper, ils firent de pauvres mains pour travailler.

Les pluies sauvages favorisent les passants profonds.

L'essentiel est ce qui nous escorte, en temps voulu, en allongeant la route. C'est aussi une lampe sans regard, dans la fumée.

L'écriture d'un bleu fanal, pressée, dentelée, intrépide, du Ventoux alors enfant, courait toujours sur l'horizon de Montmirail qu'à tout moment notre amour m'apportait, m'enlevait.

Des débris de rois d'une inexpugnable férocité.

Les nuages ont des desseins aussi fermés que ceux des hommes.

Ce n'est pas l'estomac qui réclame la soupe bien chaude, c'est le cœur.

Sommeil sur la plaie pareil à du sel.

Une ingérence innommable a ôté aux choses, aux circonstances, aux êtres, leur hasard d'auréole. Il n'y a d'avènement pour nous qu'à partir de cette auréole. Elle n'immunise pas.

Cette neige, nous l'aimions, elle n'avait pas de chemin, elle découvrait notre faim.

CHÉRIR THOUZON

Lorsque la douleur l'eut hissé sur son toit envié, un savoir évident se montra à lui sans brouillard. Il ne se trouvait plus dans sa liberté telles deux rames au milieu de l'océan. L'ensorcelant désir de parole s'était, avec les eaux noires, retiré. Çà et là persistaient de menus tremblements dont il suivait le sillage aminci. Une colombe de granit à demi masquée mesurait de ses ailes les restes épars du grand œuvre englouti. Sur les pentes humides, la queue des écumes et la course indigente des formes rompues. Dans l'ère rigoureuse qui s'ouvrait, aboli serait le privilège de récolter sans poison. Tous les ruisseaux libres et fous de la création avaient bien fini de ruer. Au terme de sa vie il devrait céder à l'audace nouvelle ce que l'immense patience lui avait, à chaque aurore, consenti.

Le jour tournoyait sur Thouzon. La mort n'a pas comme le lichen arasé l'espérance de la neige. Dans le creux de la ville immergée, la corne de la lune mêlait le dernier sang et le premier limon.

LA SOIF HOSPITALIÈRE

Qui l'entendit jamais se plaindre?

Nulle autre qu'elle n'aurait pu boire sans mourir
les quarante fatigues,
Attendre, loin devant, ceux qui plieront après;
De l'éveil au couchant sa manœuvre était mâle.

Qui a creusé le puits et hisse l'eau gisante
Risque son cœur dans l'écart de ses mains.

TRACÉ SUR LE GOUFFRE

Dans la plaie chimérique de Vaucluse je vous ai regardé souffrir. Là, bien qu'abaissé, vous étiez une eau verte, et encore une route. Vous traversiez la mort en son désordre. Fleur vallonnée d'un secret continu.

LE GAUCHER

On ne se console de rien lorsqu'on marche en tenant une main, la périlleuse floraison de la chair d'une main.

L'obscurcissement de la main qui nous presse et nous entraîne, innocente aussi, l'odorante main où nous nous ajoutons et gardons ressource, ne nous évitant pas le ravin et l'épine, le feu prématuré, l'encerclement des hommes, cette main préférée à toute, nous enlève à la duplication de l'ombre, au jour du soir. Au jour brillant au-dessus du soir, froissé son seuil d'agonie.

TABLE

Les poèmes qui composent cet ouvrage sont extraits des recueils suivants :

Premières alluvions : P. A.
Le marteau sans maître (édition collective) : M. S. M.
Placard pour un chemin des écoliers : P. C. E.
Dehors la nuit est gouvernée : D. N. G.
Fureur et mystère (édition collective) : F. M.
Les matinaux (édition collective) : L. M.
A une sérénité crispée : A. S. C.
La parole en archipel (édition collective) : L. P. A.
Lettera amorosa (version définitive).
Retour amont (inédit) : R. A.

I. CETTE FUMÉE QUI NOUS PORTAIT

2. BATTRE TOUT BAS

3. HAINE DU PEU D'AMOUR

4. LETTERA AMOROSA (version définitive)

5. L'AMITIÉ SE SUCCÈDE

6. LES FRÈRES DE MÉMOIRE

7. L'ÉCARLATE

8. VALLÉE CLOSE

Ce volume,
le cent cinquante-septième de la collection Soleil,
a été tiré à trois mille cent exemplaires
dont cent hors commerce
numérotés de 1 *à* 3 100
sur les presses de l'Imprimerie Floch à Mayenne.
La reliure a été exécutée par Babouot à Paris
d'après la maquette de Massin.
Les exemplaires hors commerce sont numérotés
de 3 001 à 3 100.

EXEMPLAIRE
1176

N° d'édition : 10662; dépôt légal : 4e trimestre 1964; imprimé en France.